BITCHES AND QUEENS
Frauen im U.S. HipHop

Esther Donkor

Bitches and Queens

Frauen im U.S. HipHop

*Bibliografische Information der Deutschen Nationalbibliothek:
Die Deutsche Nationalbibliothek verzeichnet diese Publikation in der Deutschen Nationalbibliografie; detaillierte bibliografische Daten sind im Internet über www.dnb.de abrufbar.*

Covergestaltung: Alexander Mau

Herstellung und Verlag: BoD – Books on Demand, Norderstedt

ISBN 9783735793232

Inhaltsverzeichnis

Einleitung

Obwohl die Ursprünge der HipHop Kultur in der afroamerikanischen Tradition liegen, hat sich diese Subkultur[1] mittlerweile weltweit verbreitet. Viele Länder haben ihre eigenen HipHop Szenen und zum Teil von der afroamerikanischen HipHop Tradition abweichende Ideale und Grundideen entwickelt. Selbst in den USA hat die Hip Hop Kultur zahlreiche Anhänger aus unterschiedlichen, ethnischen Kreisen gewonnen. Trotz dieser Vielfalt beschäftige ich mich in der zugrundeliegenden, wissenschaftlichen Analyse mit der afroamerikanischen Tradition des US-amerikanischen HipHop, da sie den Ursprung dieser Kultur ausmacht.

Der US-amerikanische HipHop ist eine Subkultur, die sich aus den vier Grundelementen *Graffiti, Djing, Breakdance* und *Rap* zusammensetzt (siehe Glossar). Da Rapmusik die musikalische Hauptausdrucksform im HipHop darstellt (Vgl. Strube 2007: 139) gehe ich speziell auf die Rapszene ein. Dabei soll der Fokus besonders auf den darin verankerten Weiblichkeitskonzepten und deren Konstruktion liegen.

Als Grundlage für die Analyse der Weiblichkeitskonzepte sollen vor allem die identitären Kategorien *race, class* und *gender* dienen, die im Rahmen der *Cultural Studies* geprägt wurden. Diese werden zunächst in einem Abriss eingeführt und es wird eine erste Übertragung ihrer Grundideen auf die US-amerikanische HipHop Kultur vorgenommen. Im Anschluss erläutere ich die Begriffe *race, class* und *gender*. Im zentralen Teil der wissenschaftlichen Arbeit beschäftige ich mich zunächst mit der Konstruktion der weiblichen Rollenzuschreibung aus männlicher Perspektive bevor in einem histo-

---

1 Subkultur: Szene mit eigenem Gruppenverständnis, die sich abseits des offiziellen gesellschaftlichen und kulturellen Geschehens formiert hat und oft im Gegensatz zu ihm steht. Vgl.: Offizielle Internetpräsenz des Langenscheidt Fremdwörterbuches.

rischen Abriss besonders die Zeit der Sklaverei in den USA als weiteres Indiz für die heutigen Rollenkonstruktionen im US-amerikanischen HipHop thematisiert wird. Anschließend werde ich verschiedene Ausdrucksformen vorstellen, mit denen Rapperinnen (siehe Glossar: Rapper) sich im US-amerikanischen HipHop repräsentieren. Es soll dabei untersucht werden, welchen Einfluss diese Ausdrucksformen auf die gängigen Repräsentationsformen von Weiblichkeit im US-amerikanischen HipHop haben.

Um einzelne Argumente in der Analyse zu unterstützen, habe ich außerdem ein Interview mit der US-amerikanischen Rapperin Akua Naru geführt. Diese ist zudem Dozentin für afroamerikanische Geschichte an der Universität zu Köln und an der Bergischen Universität Wuppertal.[2]

Ein Einblick in die *Cultural Studies*

Der Begriff *Cultural Studies* wurde durch das *Center of Contemporary Cultural Studies* (CCCS)[3] geprägt, das 1964 von dem britischen Wissenschaftler Richard Hoggart in Birmingham gegründet wurde. Schwerpunkt der Arbeit im CCCS war vor allem die Erforschung des vorherrschenden britischen Klassenbegriffs in den 1960ger Jahren, in dem die Gesellschaft vornehmlich in Ober- und Unterschicht aufgeteilt war. Im Rahmen der Tätigkeiten des CCCS wurden unter anderem Jugendsubkulturen erforscht, die sich zur Abgrenzung von ihren jeweiligen Dominanzkulturen formiert hatten. Als Dominanzkulturen galten sowohl die zu dem damaligen Zeitpunkt vorherrschende bürgerliche Hochkultur als auch die Herkunftskultur der Subkulturangehörigen, die in den 60ger Jahren größtenteils Vertreter der Arbeiterklasse waren.

---

2 Für nähere Informationen zu Akua Naru siehe: http://www.akuanaru.com/

3 Vgl. für diese Abkürzung: (Marchart 2008: 95ff.)

Die *Cultural Studies* spezialisierten sich vor allem auf die Untersuchungen kultureller Identifizierungszeichen[4] und Rituale innerhalb der Subkulturen, die als Abgrenzungsmerkmale verwendet wurden und zur Schaffung einer eigenen Identität gegenüber den Dominanzkulturen verwendet wurden (Vgl. Marchart 2008: 104). Ziel der Forschungen war es, „die Widerstands-und Handlungsmöglichkeiten in spezifischen gesellschaftlichen Feldern" (Winter 2004: 215) aufzuzeigen, da Subkulturen sich als Gegenmodelle zum bestehenden gesellschaftlichen Verhältnis entwickelt hatten. Der bis dato vorhandene, von der Hochkultur dominierte Klassenbegriff und dessen Konstruktion sollte dadurch dekonstruiert werden.

Als Gründerväter der *Cultural Studies* gelten die Wissenschaftler Richard Hoggart, Raymond Williams und Edward P. Thomson (Vgl. Marchart 2008: 49). Aus der britischen Arbeiterklasse stammend, gehörten die drei Wissenschaftler in den 50ger Jahren zu der ersten Generation von Arbeiterkindern, die Zugang zu universitärer Bildung erhielten. Bis dahin war das universitäre System in Großbritannien elitär und für Angehörige der unteren Schicht nicht zugänglich. Ebenso wurde das Verständnis von Klasse und Kultur von der Dominanzposition der Hochkultur stark beeinflusst.[5] Der Einzug Angehöriger der Arbeiterklasse an die bis dato nur für Angehörige der bürgerlichen Hochkultur zugänglichen Universitäten, stellte

---

4 Marchart spricht von „kulturellen Kodes" (Vgl. Marchart S. 153), als Beispiel für ein solches Identifizierungsmekmal gilt unter anderem die Sicherheitsnadel, die in der Punk-Subkultur als Ohrring verwendet wird. (Vgl. Marchart 2008: 114).

5 Siehe Lindner:
„Ein Intellektueller zu werden ist für einen Engländer, der unterhalb der Mittelklasse aufgewachsen ist, eine Leistung von allerhöchstem Schwierigkeitsgrad, schreibt Hoggart 1970 in einer persönlichen Reminiszenz." (Lindner 2000: 22)

einen radikalen Bruch mit diesem essentialistischen[6] Kulturverständnis dar. Darüber hinaus beschränkten sich Hoggart, Williams und Thompson in ihren Forschungen nicht nur auf die akademische Ebene. Sie behielten ihren Fokus stark auf der Arbeiterklasse, betätigten sich auch in der Erwachsenenbildung und standen ein für einen „sozialen Bildungsanspruch, indem sie wissenschaftliche Erkenntnisse weit über den Kreis eingeschworener Expertenrunden [...] hinaus verfügbar machen wollten" (Marchart 2003: 8).

In seinem 1957 erschienenen Werk *The Use of Literacy. Aspects of the working class* befasst sich Hoggart vornehmlich mit dem Alltagsleben der Arbeiterklasse und steht für eine „Rehabilitierung von Arbeiterkultur" (Marchart 2008: 51) ein. 1958 erschien *Culture and Society* von Williams und 1961 *The Long Revolution*. Schwerpunkte beider Werke sind die britischen Kulturvorstellungen und deren Entwicklung bis hin ins 20. Jahrhundert. Williams vertritt darin die These, dass Kultur „Teil des Alltags" (Vgl. Marchart 2003: 9) sei und stellt sich damit klar gegen die bisherigen Vorstellungen von Kultur, die von der bürgerlichen Hochkultur geprägt waren. Kultur ist laut Williams' „keine Angelegenheit des rein Geistigen oder Vergeistigten, wie dies die Hochkultur zu sein vorgibt. Kultur ist affektiv, ist durchzogen von Gefühlsstrukturen [...], die die Alltagserfahrungen einer Gemeinschaft miteinander verbindet." (Marchart 2003: 9) Aufbauend auf Williams und Hoggart publizierte auch Thompson im Jahre 1987 *The Making of the English Working Class* und stellt darin unter anderem die These von Kultur als einen „whole way of struggle" (Marchart 2008: 55) auf. Demnach sei „Kultur als ein Konfliktfeld" (Marchart 2003: 9) zu verstehen, in dem unter anderem die verschiedenen, nebeneinander angeordneten Lebensweisen einer Kultur in einem permanen-

6 Philosophischer Essentialismus geht von einer Unveränderlichkeit der Dinge aus. Vgl. auf der Internet-räsenz von: Möller, Peter: „Philolex".

ten Machtverhältnis miteinander stehen. Prof. Dr. Oliver Marchart beschreibt in seiner Monographie *Cultural Studies* den Begriff Hegemonie[7] als einen „der Namen, die man diesem Spiel von Kultur, Macht und Identität geben kann" (Marchart 2008: 35). Hegemonie ist demzufolge eine Form von Macht, die sich auch auf kultureller Ebene äußert. Durch die Ausübung dieser Machtverhältnisse sollen bekannte kulturelle Vorstellungsmuster umgeworfen und durch andere ersetzt werden. Machtverhältnisse bestehen aber auch dann, wenn bestimmte Muster beibehalten werden sollen (Vgl. Marchart 2008: 80). Für die Vertreter der *Cultural Studies* ist dieser Aspekt von besonderer Bedeutung, Sie sprechen sich klar gegen jedwede Form der Hegemonie aus und haben das Feld der Kultur und der damit verbundenen hegemonialen Verhältnisse zu Hauptuntersuchungsmerkmalen gemacht. Prof. Dr. Douglas Kellner beschreibt die *Cultural Studies* wie folgt: „ [...] *Cultural Studies* analyze „hegemonic", or ruling, social and cultural forms of domination, and seek „counterhegemonic" forces of resistance and struggle" (Kellner 1995: 31). Genau solche gegenhegemonialen Strukturen wurden in den anfänglichen Subkulturforschungen des CCCS untersucht.

7 „Vorherrschaft eines Staates; Vormachtstellung, Überlegenheit kultureller, wirtschaftlicher, politischer u.a. Art]"
(Offizielle Internetpräsenz des Dudens). Zurückzuführen ist der Hegemoniebegriff auf die Hegemonietheorie des italienischen Politikers und Philosophen Antonio Gramsci, die dieser zu Beginn des 20. Jhd. im Rahmen des italienischen Faschismus aufgestellt hatte. Darin stellt er u.a. die These von Hegemonie als umkämpftes Terrain auf. Weitere Informationen dazu in: (Marchart 2008: 76ff)

Die Beziehungen zwischen Kultur, Identität und Macht im HipHop

Machtverhältnisse existieren für die *Cultural Studies* in jedem kulturellen Verhältnis und können sich auch durchaus in Subkulturen entwickeln, die sich zunächst als Widerstandsformen gegen eben solche Machtverhältnisse formiert haben. Kultur, Macht und damit in Verbindung stehend auch der Aspekt der Identität sind die drei Grundbegriffe mit denen sich die *Cultural Studies* auseinander setzen.[8] Demnach entstehen Identitäten durch Machtdiskurse, die sich innerhalb einer Kultur ereignen. Bildlich gesprochen stellt Kultur die Plattform dar, auf der diese Diskurse stattfinden. Die drei Kategorien bilden eine Art untrennbares Beziehungsdreieck (Vgl. Marchart 2008: 33ff) und stehen in einer permanenten Wechselbeziehung zueinander.

Keine tritt ohne die jeweils andere auf. Eine *Cultural Studies*-Analyse zeichnet sich dadurch aus, dass die Kategorie Kultur nur dort zum Einsatz kommt, wo zugleich die Frage nach Macht und Identität berücksichtigt wird. Genauso wenig kann von kultureller Identität die Rede sein, ohne dass von ihrer machtbasierten Durchsetzung [...] zu sprechen wäre. Und eine Analyse von Macht schließlich muss [...] immer auch Kultur als eigentliches Medium der Macht berücksichtigen, als das Terrain, auf dem soziale Identität konstruiert wird. (Marchart 2008: 34)

Zudem definiert Marchart, dass „in Form hegemonialer Kämpfe – um Dominanz und Subordination, Ein-und Ausschluss sozialer Gruppen – [...] Identität auf dem Feld der Kultur vorübergehend fixiert [...]" (Marchart 2008: 35) wird. Diese Fixierung von Identität ist den *Cultural Studies* zufolge

---

8 In seinem Werk *Cultural Studies* gibt der Autor Oliver Marchart folgende Definition zur Beschreibung der *Cultural Studies* an: „*Cultural Studies* sind jene intellektuelle Praxis, die untersucht, wie soziale und politische Identität qua Macht im Feld der Kultur (re-)produziert wird." (Marchart 2008: 35).

jedoch immer nur temporär, da kulturelle Machtverhältnisse sich stets ändern können und somit auch die Eigenschaften der Identitäten sich wandeln. Einer strukturalistischen[9] Ansicht folgend, gewinnt „jede Identität erst aus ihrem differenziellen Verhältnis gegenüber anderen Identitäten Bedeutung [...]" (Marchart 2008: 171).

Auch der US-amerikanische HipHop ist eine Subkultur, die sich als Subversion gegen eine Dominanzkultur entwickelt hat. Die Ursprünge des HipHop liegen in den amerikanischen *Ghettos* (Glossar: Ghetto) der 70ger und 80ger Jahre, die größtenteils, aber nicht ausschließlich[10] von Afroamerikanern bewohnt wurden und von Armut und Negativfolgen ihrer Abgrenzungslage geprägt waren. HipHop entwickelte sich als Protestform gegen Rassismus, Unterdrückung und Gewalt, die sich durch Staat und Oberschicht auf die Bewohner der Ghettos ausübte. Prof. Dr. Rainer Winter bezeichnet HipHop als „eine aus Armut, Entbehrung und Verlangen schöpfende Kreativität und Produktivität" (Winter: 217). Dies lässt die Interpretation zu, dass sich die HipHop Kultur als Reaktion auf die Hegemonie des Staates als Gegenkultur entwickelt hat. Doch auch innerhalb der HipHop Kultur finden Machtdiskurse statt. Bereits zu Beginn entwickelten sich die Grundelemente wie *Graffiti, Breakdance* oder *Rap* als Ersatzausdrucksformen für eine in den Ghettos vorherrschende Aggressivität und Wut. Diese Gewalt wurde vor der Entstehung des HipHop größtenteils in der Formierung von rivalisierenden *Gangs* (siehe Glossar: Gang), die sich gegenseitig bekämpften, entladen (Vgl. Winter 2004:

9„Wissenschaftstheorie, die von einer synchronen Betrachtungsweise ausgeht u. die allem zugrunde liegenden, unwandelbaren Grundstrukturen erforschen will (Offizielle Internetpräsenz des Dudens) Steht im Gegensatz zum Essentialismus.

10 Auch Angehörige anderer ethnischer Gruppen waren in den Ghettos sesshaft und vor allem Puerto Ricaner und auch Weiße waren bei der Gründung der Hip Hop Kultur beteiligt. Weitere Informationen dazu in: (Flores 1996: 85ff)

218). Durch die HipHop Elemente wurden die „Rivalitäten zwischen lokalen Gangs [...] in musikalisch-verbale Wettbewerbe zwischen Rapcrews umgeformt und in erbitterten Tanzwettbewerben ausgetragen" (Winter 2004: 218). Rapmusik wurde zwar als Sprachrohr zum Ausdruck alltäglicher und politischer Probleme der Rapper verwendet[11], Rapper begannen jedoch auch sich gegenseitig mit ihren Worten zu bekämpfen, teilweise auch um dadurch an Überlegenheit zu gewinnen.[12] Es blieb jedoch nicht dauerhaft bei dieser gewaltlosen Art des Kampfes. Spätestens mit der Entwicklung des *Gangsta Rap* (siehe Glossar) führte sich die Tradition der *Gang*-Formierung fort. Rapper bekämpften sich nicht mehr ausschließlich mit Worten, sondern brachten auch Waffen zum Einsatz in einem Kampf um Vorherrschaft auf dem Terrain des Gangster Rap.

Verbale und mit Waffen ausgetragene Attacken sind offensichtlich als Einsatzmittel eines Machtkampfes zu erkennen. Doch nicht nur auf der Ebene des *Gangsta Rap* spielen sich im HipHop identitäre Kämpfe ab. Auch im Rollenverständnis zwischen Mann und Frau kommen solche identitären Machtverhältnisse zum Tragen. So ist der US-amerikanische HipHop eine Subkultur die eine Geschlechterhierarchie als Norm hat, in welcher die Frau eine dem Mann untergeordnete Position einnimmt (Vgl. Friedrich 2004: 24). Zur Präsentation einer solch männlichen Dominanzposition dienen diverse Selbstdarstellungsarten und Verhaltensweisen, die von vielen männlichen Rappern verwendet werden. Der *Pimp Rapper* (siehe Glossar) zum Beispiel „[...] inszeniert sich als Frauenheld, Sunnyboy oder gleich als Zu-

---

11 Dies wurde vor allem durch die Strömung des Polit-Rap geprägt. Sogenannte *Conscious Rapper* (siehe Glossar) machen in dessen Rahmen vor allem auf die politische Situation der Schwarzen in Amerika aufmerksam (Vgl. Friedrich 2004: 24ff)

12 Winter spricht von einem „überlegenen sozialen Status" der durch eine „verbale Selbstinszenierung" erlangt wird (Winter 2004: 221).

hälter[...]" (Friedrich 2004: 26), er beschimpft Frauen und sieht sie als Sexualobjekte an. Mit einem solchen Verhalten verschafft sich der Rapper eine gewisse Authentizität, die wichtig ist, um seine Rolle als dominierender, männlicher *HipHop per* zu bestätigen. Im HipHop Jargon wird eine solche Authentizität als *Realness* bezeichnet und in sämtlichen Bereichen des HipHop angewendet. „Realness im HipHop ist eine Inszenierungsstrategie. Sie ist eine Herstellungspraxis, die den Normenkodex des HipHop performativ bestätigt" (Friedrich 2004: 9). Im Rahmen des HipHop werden Identitäten durch *Realness* geschaffen, so beispielsweise auch das des dominierenden Rappers durch ein den Normen entsprechendes, männliches Verhalten. Ungeachtet dessen haben sich viele weibliche Rapperinnen diesem Normenkodex widersetzt und eigene Konstruktionen von *Realness* erschaffen. Damit stellen sie sich klar gegen eine männliche Dominanz und lassen somit ein Machtverhältnis innerhalb der HipHop Kultur entstehen.

Race, class und *gender*

Nicht nur das Beziehungsdreieck zwischen Kultur, Macht und Identität wurde von den *Cultural Studies* geprägt, sondern auch die drei darin verankerten identitären Achsen *race, class* und *gender*. In der Anthologie *Race, class and gender* erklärt die Soziologin Patricia Hill Collins, dass *race*, *class* und *gender* sozial konstruierte Kategorien sind: „[...] their significance stems not from some 'natural' state, but from the significance they have taken on as the result of social and historical processes" (Andersen 2004: 75). Ähnlich wie Kultur, Macht und Identität stehen auch diese identitären Achsen in einer Art Wechselbeziehung zueinander. Darüber hinaus sollen sie für Gruppenkonstruktionen verantwortlich sein, die beispielsweise die Unterschiede zwischen *Schwarz* und *Weiß*, arm und reich oder Mann und Frau aufstellen (Vgl. Anderson 2004: 75). Wie in Unterkapitel 1.1 bereits erwähnt, sind auch diese identitären Kategorien per Definition der *Cultural Studies* keine feststehenden. „[...] neither race, class, nor gender is a fixed category. Because they are social constructions, their form – and their interrelationship – changes over time. This also means that social change is possible" (Anderson 2004: 76). Eigenschaften und Definitionen, die den einzelnen Kategorien zugeschrieben werden und in die diese unterteilt sind, können sich demnach beliebig ändern.

Class[13] wurde bereits in den Gründungsjahren der *Cultural Studies* untersucht, als das Verhältnis von britischen Jugendsubkulturen zu ihren Stammes- und Herkunftskulturen erforscht wurde. Als Grundlage für eine Analyse von Klassenkonstruktionen gelten für die *Cultural Studies* die gesellschaftlichen Theorien des französischen Soziologen Pierre Bourdieu. Dieser bezeichnet die Gesellschaft als sozialen Raum, der als eine Art Kräftefeld zu betrachten ist. Um in diesem Feld zu bestehen, gibt es diverse Kapitalformen, welche als „Machtmittel" (Marchart 2008: 198) eingesetzt werden und „von Akteuren strategisch wie Trümpfe beim Kartenspiel eingesetzt werden und damit die Gewinnchance, d.h. die eigene relationale Positionierung im Raum beeinflussen" (Marchart 2008: 198). Die Kapitalarten können verschiedenartig sein. Zum Beispiel gelten Reichtum oder der Besitz kultureller Güter genauso als Kapital wie Gruppenmitgliedschaften oder andere soziale Fertigkeiten.[14] Innerhalb dieses hegemonialen Feldes gibt es zudem drei Klassen: Die „herrschende Klasse [...] das Kleinbürgertum [...] und [...] die [...] Klasse der Beherrschten" (CS S.198). Dieses Klassenverhältnis spielt bei der Einteilung innerhalb des Großteils der exis-

13 Zu Deutsch: Klasse, Schicht

14 Bourdieu unterscheidet genau zwischen vier verschiedenen Kapitalsorten: Ökonomisches (Geldressourcen) Kulturelles (Kultureller Besitz etc.) Soziales (Gruppenzugehörigkeit/ Arbeit etc.), Symbolisches Kapital (Ansehen/ Reputation), deren Werte den jeweiligen Klassen zugeordnet werden können. Mehr dazu in: (Marchart 2008; Barlösius 2006).

tierenden Gesellschaftsformen eine tragende Rolle und ist für die Kategorisierung von arm und reich verantwortlich.

Auch die Binarität zwischen *schwarz* und *weiß* manifestiert sich stark in einer dieser drei identitären Achsen und zwar in der Achse *race*. Der Begriff *race* oder *Rasse* wurde durch den biologischen Essentialismus geprägt. Dieser geht davon aus, dass die Genetik des Menschen ihm seine jeweilige Rasse zuschreibt. Diese Zuschreibung ist im Rahmen des biologischen Essentialismus feststehend und unveränderbar (Vgl. Marchart 2008: 172). Da Genetik jedoch nicht sichtbar ist, werden andere, visuelle Merkmale als „Abgrenzungsmechanismen" (Marchart 2008: 189) verwendet. Dazu gehören unter anderem Hautfarbe, Gesichtszüge oder Farbe und Form der Haare eines Menschen. Diese sind als sichtbare Merkmale für die Kategorisierung in *schwarz* oder *weiß* verantwortlich. Die *Cultural Studies* hingegen sprechen sich gegen eine solche Sichtweise aus und besagen, dass so etwas wie „Rasse"[15] nicht existiert. Die Einteilung in Rassen anhand äußerlicher, körperlicher Merkmale wird als *Rassismus* bezeichnet, der als Folge dieser Unterteilung entsteht (Vgl. Machart 2008: 188). Menschen werden demnach anhand ihrer äußerlichen Merkmale stereotypiert und von dem, was in der jeweiligen Gesellschaft als „normal" gilt, abgegrenzt (Vgl. Marchart 2008: 190). Damit stellen sich die *Cultural Studies* klar gegen essentialistische Ideen:

Obwohl die Existenz von so etwas wie „Rasse" [...] wissenschaftlich gar nicht nachgewiesen werden kann, da es sich um eine kontingente sozial-kulturelle Klassifikation handelt, nach deren Muster Identität konstruiert und nicht ein-

---

15 Marchart erklärt, dass sogar der Begriff „Rasse" nicht verwendet werden und durch *Rassifizierung* ersetzt werden sollte. Er schreibt „*race*" oder „*Rasse*" auch nur in Anführungszeichen, um zu verdeutlichen, dass es kein wirklich existierender Begriff ist. Dies führt er zurück auf Rassismustheorien des Soziologen Stewart Hall, der maßgeblich an der Begründung der *Cultural Studies* beteiligt war (Vgl. Marchart 2008: 190).

fach von biologischen Merkmalen abgelesen wird, befindet sich der Biologismus nach wie vor auf der Suche nach einer unwandelbaren „Essenz" dieser Identität. (Marchart 2008: 172)

Race lässt sich folglich mit Rassismus gleichsetzen, der durch eine Stereotypisierung unter anderem anhand visueller körperlicher Merkmale entsteht.

Dasselbe wie für die essentialistischen Rassenkonstruktionen gilt auch für die Konstruktion von Geschlechterrollen. Dies trägt sich in der Achse *gender*[16] aus. Im Gegensatz zur Sichtweise des biologischen Essentialismus, der von einem genetisch definierten, „unwandelbaren Kern[s] unserer Identität" (Marchart 2008: 172) ausgeht, besagen die *Cultural Studies*, dass jedes Individuum „von einer Vielzahl von Identitäten durchkreuzt" (Marchart 2008: 177) wird. Eine Geschlechtsidentität ist daher nie rein biologisch zu definieren. Die Kategorisierungen in „Mann" und „Frau" und die damit verbundenen, identitären Eigenschaften erfolgen durch „kulturelle Reproduktion" (Marchart 2008: 171) und durch das Folgen einer „hegemonialen Idee" (ebd.). Diese Idee formt das Rollenkonzept der *idealen Frau* oder das des *idealen Mannes*. *Gender* bezeichnet demnach nicht das biologische, sondern ein sozial konstruiertes Geschlecht.

Auch die Rolle der Frau ist im Rahmen der HipHop Kultur sozial konstruiert. Neben der Tatsache, dass HipHop ein hegemoniales Terrain ist, sind auch die identitären Achsen *race, class und gender* für die Analyse von Weiblichkeitskonzepten innerhalb dieser Kultur von besonderer Bedeutung. US-amerikanischer HipHop ist eine Kultur, die als Resultat von Ausgrenzung und Unterdrückung entstanden ist. Vor allem Afroamerikaner, die als Begründer dieser Kultur gelten, sind noch heute Opfer von Rassismus, Stereotypisierung und Ausgrenzung in *Ghettos* und untere Gesellschaftsschichten.

16 Zu Deutsch: Geschlecht / Geschlechtsidentität

Dies hat auch großen Einfluss auf das Rollenbild der afroamerikanischen Frauen und der Rapperinnen im HipHop . *Gender* lebt, genauso wie die Kategorie *race* von Stereotypisierung. Die Soziologin Patricia Hill Collins beschreibt diese Stereotypisierung in Bezug auf Afroamerikaner wie folgt: „African American men are stereotyped as hypermasculine and oversexed; African American women as promiscous, bad mothers [...]“ (Anderson 2004: 95). Inwiefern diese Stereotypisierungen innerhalb der HipHop Kultur aufgegriffen werden und welchen Einfluss sie, gemeinsam mit den Kategorien *race, class* und *gender* auf die Repräsentationsformen von Weiblichkeit im US-amerikanischen HipHop haben, soll im Folgenden ermittelt werden.

Wonder why they call you bitch – Die Bezeichnungen *bitch* für die Frau in männlichen, US-amerikanischen Raptexten

Chick, shorty, diva, dyke, lady, hooker, hoe, mamma, queen, gold digga und *bitch* (siehe Glossar). Dies sind einige, aber nicht sämtliche Bezeichnungen für Frauen im US-amerikanischen HipHop Jargon. Im Folgenden wird besonderes Augenmerk auf den Ausdruck *bitch* gelegt, da er der meistverbreitete Begriff im Jargon des US-amerikanischen HipHop s ist (Leibnitz 2007: 157). Der Begriff ist im täglichen Sprachgebrauch so tief verankert, dass er sich sogar über die HipHop Szene hinaus weiterverbreitet hat und auch von Personen verwendet wird, die nicht unmittelbar der HipHop Szene angehören und den entsprechenden Jargon dieser Szene nicht verwenden.[17] *Bitch* kann im Englischen verschiedene Bedeutungen haben. Im US-amerikanischen HipHop - Jargon bezieht sich *bitch* jedoch eindeutig auf Frauen und

17 Siehe auch: (Collins 2005: 130) „First popularized within rap, these terms are now so pervasive that they have entered the realm of colloquial, everyday speech.“

dies größtenteils mit negativer Konnotation. „Übereinstimmend mit dem heutigen Sprachgebrauch im Englischen dient der Begriff *bitch* in der Sprache des HipHop zunächst als Bezeichnung für Frauen, die herrisch, launenhaft, kritisierend, boshaft und/ oder gehässig sind" (Leibnitz 2007: 158). In den Onlinewörterbüchern *urbandictionary.com*, *onlineslangdictionary.com* sowie im *Oxford Advanced Learners Dictionary* ist diese Bedeutung ebenfalls zu finden. Dort wird *bitch* als „Annoying and whining female"(urbandictionary), „unpleasant female"(onlineslangdictionary) und „an offensive way of referring to a woman" (Hornby 2005: 144) erläutert. Des Weiteren gibt die Soziologin Patricia Hill Collins folgende Definitionen:

> The controlling image of the "bitch" constitutes one representation that depicts Black women as aggressive, loud, rude and pushy. Increasingly applied to poor and/or working-class Black women, the representation of the "bitch" constitutes a reworking of the image of the mule of chattel slavery. Whereas the mule was simply stubborn (passive, aggressive) and needed prodding and supervision, the bitch is confrontational and aggressive. (Collins 2005: 123)

Nicht nur der Bezug zur Zeit der Sklaverei in den USA, auf den im weiteren Verlauf der zugrundeliegenden Analyse noch verstärkt eingegangen wird, ist wichtig im Zusammenhang mit den negativen Bezeichnungen für die afroamerikanische Frau im HipHop . Auch der Bezug zum „mule", also zum störrischen Maultier ist von Bedeutung. Die Suche nach dem Begriff *bitch* in den gängigen Nachschlagewerken oder in den Medien ergibt, dass die oben genannten Negativdefinitionen nicht an erster Stelle genannt werden. Im *Oxford Advanced Learner's Dictionary* steht unter dem Begriff *bitch* beispielsweise an erster Stelle die Erläuterung „a female dog" (Hornby 2005: 144). Tatsächlich bedeutet *bitch* „Hündin" im herkömmlichen englischen Sprachgebrauch. Die Bezeichnung *bitch* stellt also einen klaren Bezug zur Tierwelt her. Die

Frau wird mit einem Tier gleichgesetzt und so wird ihr animalisches Verhalten und eine damit verbundene, erhöhte Promiskuität zugeschrieben. In ihrem Text „Die *bitch* als ambivalentes Weiblichkeitskonzept im HipHop " schreibt die Autorin Kimiko Leibnitz zu diesem Vergleich:

Einerseits entsteht damit eine Verbindung mit dem triebhaften Verhalten streunender Hunde, das in diesem Zusammenhang mit Promiskuität bzw. einer offensiv ausgelegten Sexualität gleichgesetzt wird; andererseits evoziert diese Übertragung der Verhaltensweisen von Hunden auf Frauen auch die Vorstellung von Hierarchiekämpfen sowie nicht zuletzt von Bissigkeit. Das Wort *bitch* dient also auch der Bezeichnung von Frauen, die – sowohl untereinander als auch gegenüber den männlichen Mitgliedern ihrer Gemeinschaft – durch verbale und tatsächliche Attacken bzw. durch die eine grundsätzlich aggressive Haltung auffallen und sich somit nicht in ihre kulturhistorisch etablierte Rolle als devotes, selbstloses Objekt einfügen" (Leibnitz 2007:158).

Devotes und selbstloses Verhalten dem Mann gegenüber als Idealbild für die Rolle der Frau hat seine Ursprünge in der Religion. So heißt es, beispielsweise in den Briefen des Apostels Paulus an die Epheser: „Die Frauen seien ihren Männern untertan wie dem Herrn, denn der Mann ist das Haupt der Frau, wie auch Christus das Haupt der Kirche ist, die er bewahrt als seinen Leib"(Hamp 1990: 271). Im weiteren Text wird zwar erwähnt, dass auch der Mann seine Frau lieben und respektieren soll. Im Endeffekt, ist er der Frau im biblischen Kontext jedoch übergeordnet.[18] Die in der Bibel evozierte Rollenverteilung zwischen Frau und Mann hat sich in der christlichen Religion und damit auch in der christlichen Gesellschaft als adäquate Genderkonstruktion etabliert. Auch Leibnitz bezieht sich auf die Dreifaltigkeit im Christen-

---

18 Vgl. Epheser 5,22: „So liebe denn auch von euch ein jeder seine Frau wie sich selbst; die Frau aber stehe in Ehrfurcht zum Mann" (Hamp 1990: 271).

tum, welche die Einigkeit von Vater, Sohn und Heiligem Geist, verkörpert im Symbol der Taube, bezeichnet. Leibnitz lässt erkennen, dass in dieser Dreier-Konstellation keine Frau vertreten ist und interpretiert daraus, dass die Frau demzufolge „als dem Gott-Vater und Weltschöpfer untergeordnet" (Leibnitz 2007: 158) ist.

> Bei der Darstellung der Jungfrau Maria als wichtigster christlicher Frauengestalt fällt [...] auf, dass - im Gegensatz zu der in anderen Kulturen weit verbreiteten Verehrung der weiblichen Fruchtbarkeit in Form entsprechender Göttinnen bzw. Gottheiten – von einer unbefleckten Empfängnis als idealisierter Vorstellung einer von Körperlichkeit und Sexualität losgelösten Fortpflanzung ausgegangen wird. (Leibnitz 2007: 159)

Laut Leibnitz hat in der christlichen Religion die *Idealfrau* keine Sexualität. Nur wenn sie dem Bild einer Heiligen entspricht, gilt sie als *gute Frau*. Ähnliches lässt sich auch bei der Untersuchung des im US-amerikanischen HipHop vorherrschenden Frauenbildes feststellen. Zwar ist der US-amerikanische HipHop eine Subkultur, die sich normalerweise dadurch auszeichnen sich von den Normen und Werten der Dominanzkultur abzugrenzen. Doch auch hier lässt sich eine enge Verknüpfung zwischen Heiliger und der Idealvorstellung von der guten Frau auf diese Subkultur übertragen. Frauen, die sich züchtig verhalten und dem unterordnen, werden mit entsprechend positiven Bezeichnungen anerkannt.[19]

Als Gegenmodell zur Heiligen existiert im biblischen Kontext auch ein Negativbild. Dies wird durch die Figur der Maria Magdalena verkörpert. Ihr wird eine übermäßige Sexualität zugeschrieben, sie wird gar mit einer Hure gleichgesetzt (Vgl. Leibnitz 2007: 159). Parallel dazu drängt sich auch im HipHop bei als mit *bitch* bezeichneten Frauen der Vergleich

---

19 Zum Beispiel mit Kosenamen wie *baby* oder *boo*, siehe Glossar.

mit einer Hure auf. Dies kann als ein weiteres Indiz dafür betrachtet werden, dass die Subkultur des US-amerikanischen HipHop vom christlichen Verständnis der Geschlechterrollen beeinflusst ist. Es besteht eine eindeutige Doppelmoral bei der Rollenzuschreibung der Frau. Hinzu kommt, dass nicht nur das christliche Weltbild Einfluss auf das Rollenverständnis im US-amerikanischen HipHop hat.

Auch im Islam, der im HipHop vor allem aufgrund des *Nation of Islam*[[20]] durchaus präsentiert ist, gilt die Frau als potenzielle Verführerin des Mannes, die aufgrund ihrer körperlichen Reize eine Gefahr sowohl für ihre eigenen Tugend als auch für diejenige des Mannes – und damit für den sozialen Frieden insgesamt darstellt. (Leibnitz 2007: 159)

Und tatsächlich handeln zahlreiche US-amerikanische HipHop Texte von eben solchen weiblichen, körperlichen Reizen und der Gefahr die von ihr auf Männer ausgeübt wird.[21] Der Ausdruck *bitch* wird dabei häufig verwendet. Neben ausgeprägter Aggressivität und Launenhaftigkeit wird der *bitch* ein amoralisches, unsittliches Verhalten zugewiesen. Dabei beinhalten die pejorativen Raptexte, in denen es um Frauen geht, denen ein solches Verhalten zugeschrieben wird, oftmals regelrechte Beschimpfungstiraden. In seinem Lied *Wonder why they call you bitch* zählt der 1996 verstorbene Rapper Tupac Shakur sogar auf, warum genau eine Frau als *bitch* bezeichnet wird und gibt Ratschläge, wie eine solche Betitelung umgangen werden kann. Im Text seines Liedes *Never call u bitch again* entschuldigt er sich dann

---

20 *Nation of Islam* ist eine muslimische, afroamerikanische Vereinigung

21 Als Beispiel kann hier das im Jahre 1990 erschienene Lied „Poison" von Bell Biv Devoe genannt werden, in dem eine Frau mit einer Art verführerischem Gift verglichen wird, das eine eindeutige Gefahr für denn Mann darstellt. Textauszüge lauten: "Miss her, kiss her, love her, wrong move you're dead / That girl is poison Never trust a big butt and smile [...]" (Bel Biv Devoe, *Poison*, 1990, MCA Records)

aber bei einer Frau und schwört, sie nie wieder als *bitch* zu bezeichnen.[22] Die Frau, der diese Beteuerung gewidmet ist, hat sich dadurch bei ihm etabliert, dass sie ihm auch in für ihn schweren Zeiten immer zur Seite stand. Wie im biblischen Kontext kann dies demzufolge ein Beleg dafür sein, wie züchtiges Verhalten und Loyalität, vor allem dem Mann gegenüber, wichtige Attribute für eine Frau sind, um der Betitelung als *bitch* zu entgehen und ein positiveres Ansehen beim Mann zu genießen. In *Never call you bitch again* wird die Frau sogar als *boo*[23] bezeichnet, welches im HipHop Jargon ein Ausdruck der Zuneigung ist und somit eine Aufwertung darstellt. Für ihre Loyalität wird die Frau also mit einer positiven Benennung belohnt.

Die Soziologin Tricia Rose unterscheidet zwischen zwei Kategorien, in die vor allem afroamerikanische Frauen im US-amerikanischen HipHop aus männlicher Perspektive eingeteilt werden: „'The kind to take home to mother' and 'the kind you meet at three o'clock in the morning'" (Rose 2004: 295). Tupac Shakurs Stücke *Wonder why they call you bitch* und im Kontrast dazu *Never call you bitch again* stellen passende Beispiele für diese beiden Kategorien dar. Rose fährt in ihren Erläuterungen fort:

In HipHop discourse, the former is honest and loyal [...] The latter is not simply an unpaid prostitute, but a woman who only wants you for your money, cars and cash, will trap you (via pregnancy or other forms of manipulation), and move on to another man (probably to your best friend). (Rose 2004: 295)

Wie bereits erwähnt, wird auch der *bitch* ein ähnliches, den Mann ausbeutendes, gar gefährliches Verhalten zuge-

22 Beide Lieder im Internet als Videoclips zu sehen. Siehe Literaturverzeichnis.

23 http://www.urbandictionary.com/define.php?term=boo: „term of endearment, like baby"

schrieben, das auf die zweite Kategorie zutrifft. Rose verbindet diese Zuschreibung mit der Angst, größtenteils afroamerikanischer Männer im HipHop vor einer Entmännlichung durch die Frau. Speziell die weibliche Sexualität und die Unabhängigkeit vom Mann sollen eine solche Angst hervorrufen (Vgl. Rose 2004: 295). Um dieser Angst etwas entgegen zu setzen greifen viele Rapper in ihren Raptexten auf frauenfeindliche und unterdrückende Inhalte zurück (Vgl. Akua Naru, Interview; Strube 2007: 139). HipHop ist ein sehr männlich dominiertes Terrain und viele Rapper wollen diesen Status der Dominanz beibehalten.[24] Deshalb wird die Frau nicht nur mit *bitch* oder anderen Negativausdrücken betitelt, sondern auch durch Verwendung der Stereotype Hausfrau oder *williges Sexualobjekt* degradiert.[25] Darüber hinaus findet häufig insbesondere für den Begriff *bitch* eine Erweiterung statt. Dann ist von der *bad bitch* die Rede. Das negativ konnotierte, englische Adjektiv *bad* als Zusatz zum Begriff *bitch* unterstreicht die Negativdefinition aus männlicher Sicht nochmals und wird von vielen Rappern in ihren Texten verwendet.[26] *Bitch* ist, zumindest aus männlicher Perspektive im US-amerikanischen HipHop ein negativ konnotierter Begriff, der es besonders dem Rapper erlaubt seine Dominanz und niedrige Wertschätzung Frauen gegenüber auszudrücken. Außerdem dient diese Bezeichnung dem Zweck einer drohenden Entmännlichung durch zu selbstständiges und freizü-

---

24 Weitere Ausführungen zur Rolle des Mannes im Hip Hop auch in der Dokumentation: Hurt, Byron. 2006. *Hip Hop Beyond Beats and Rhymes.*

25 Als Beispiel kann hier das im Jahr 2005 erschienene Lied *Bad Bitch* des Rappers Webbie angeführt werden. Textauszüge lauten: „The girl be, cookin and cleanin and cleanin and cookin, She be, constantly douchin and cleanin her pussy" (Webbie, *Bad Bitch,* 2005, Atlantic Records)

26 Als Beispiele gelten der Rapper Webbie mit seinem Lied *Bad Bitch*, aber auch Rapper wie die Ying Yang Twins, Faboulus oder Snoop Dogg, die in diversen Liedern über die *bad bitch* rappen.

giges Verhalten von Frauen zu entgehen. Dies lässt die Interpretation zu, dass auch wenn der Begriff *bitch* zunächst ein negativer ist, er sich für den Mann, der ihn verwendet durchaus positiv verhält. Er kann sich durch seine Verwendung in eine der Frau übergeordnete Position versetzen und sich somit selbst als Dominanzfigur bestätigen.

Frauenfeindlichkeit und die Objektifizierung des weiblichen Körpers

Nicht nur Rapper wie Tupac Shakur verwenden pejorative, misogyne Begriffe wie *bitch* in ihren Raptexten. Ein weiteres, umstrittenes Beispiel stellt die US-amerikanische Rap-Gruppe 2Live Crew dar. „You ain't nothin' but a hoochie mama! /Hoodrat, hoodrat, hoochie mama!" (2Live Crew, *Hochie Mama*, 1995, Prority Records) So lautet der Refrain ihres Liedes *Hoochie Mama*. Die in den 1980ger Jahren gegründete Gruppe ist für ihre gewaltverherrlichenden und vor allem für ihre sexistischen, misogynen Texte bekannt. Ihr drittes Album *As Nasty As They Wanna Be* ist eines der ersten Alben, das mit dem *Parental Advisory—Explicit-Lyrics* Aufkleber versehen wurde (Vgl.: Portrait der HipHop Gruppe 2Live Crew). Dieser erscheint häufig auf US-amerikanischen Raptonträgern und soll vor allem Eltern auf den für Kinder ungeeigneten Inhalt von gewaltverherrlichenden, sexistischen Musiktexten aufmerksam machen (Vgl.: „PARENTAL ADVISORY", Washington, DC 2004). Auch der Text von *Hoochie Mama* weist eindeutig misogyne Züge auf. Die Frau wird im Text nicht nur als *hoodrat* bezeichnet, also als Ratte der Nachbarschaft. Allein der Liedtitel *Hoochie Mama* ist gleichzeitig Betitlung für einen bestimmten, konstruierten Frauentyp. Ähnlich wie der Begriff *bitch* wird auch *hoochie mama* als Negativausdruck verwendet. Auf der Webseite onlineslangdictionary.com wird diese Betitelung als „A female with low morals and/or dresses in gaudy, tight clothing" beschrieben. Auf der Webseite urbandictionary.com heißt es unter anderem:

Hoochie Mama - 1. A female who dresses ghetto ho fabulous. Lots of gold, lots of weave-typically Pattie LaBelle style with red, purple, gold, or orange streaks, and long nails with lots of airbrush glitter, and color. This female's goal in life is to use her female attriibutes to obtain a male with lots of money or any money to spend on her. Weaves, rent, & diapers for her baby from another daddy included. 2. A ghetto version of a "Gold Digger". (urbandictionary.com; Zugriff 23.02.2011)

Obwohl 2 Live Crew eines der umstrittensten Beispiele für Frauenfeindlichkeit im US-amerikanischen Rap sind, unterscheidet sich der Inhalt ihrer Texte und ihre misogyne Haltung nicht sonderlich von dem des Großteils der US-amerikanischen, männlichen Rapszene. Bis heute werden Frauen in den Raptexten häufig als *Sexsymbole* degradiert. Auch in vielen Musikvideos, die zusätzlich zu den Rapliedern produziert werden, wird die Frau stark auf ihren Körper reduziert. Darstellungen von halbbekleideten Frauen, die ihre sexuelle Verfügbarkeit förmlich anpreisen stellen in HipHop Videos keine Seltenheit dar. Dabei handelt es sich meist um afroamerikanische Frauen, die größtenteils nicht als Individuen dargestellt werden, sondern als eine Art männliches Statussymbol. Neben teuren Villen, Autos und großen, auffälligen Schmuckstücken wird auch die Frau in den Videos meist wie ein materielles Besitzobjekt präsentiert (Friedrich 2004: 26). Dabei besteht eine gewisse Austauschbarkeit der Frauen. Genau so wie bei den materiellen Besitztümern, könnte in vielen Videos ein Körper leicht durch einen anderen ersetzt werden (Collins 2005: 128). Dazu kommt, dass die Frauen oft nicht auf ihren gesamten Körper, sondern teilweise sogar auf einzelne Körperpartien reduziert werden. Dabei spielt das weibliche Gesäß[27] eine bedeutende Rolle. Etliche Raptexte thematisieren besonders diese weibliche Körperregion. Mit den Lied *Baby got back* widmete Rapper Sir Mix-A-Lot im Jahr 1992 dem weiblichen Hinterteil ein gesamtes Lied und bringt darin seine Vorliebe zu dieser speziellen Körperregion zum Ausdruck. „I like big butts and I can not lie [...] I like 'em round, and big" (Sir-Mix-A-Lot, *Baby Got Back*, 1992, Def American Recordings), lauten einige Textpassagen aus *Baby got back*, die gleichzeitig das Schönheitsideal des weiblichen *booty* (siehe Glossar) im HipHop beschreiben. Das Gesäß soll in idealer Weise groß und rund sein, um in dieses Ideal hineinzupassen. Dies wird in etlichen HipHop Raptexten zum Ausdruck gebracht.[28] Dabei stellt „Baby got back" von Sir Mix-A-Lot noch eine weniger degradierende Ausdrucksform dieser körperlichen Vorliebe dar als in einigen anderen Rapliedern, in denen das Thema aufkommt. Auch wenn im Musikvideo zu *Baby got back* knapp bekleidete Frauen zu sehen sind und der Rapper teilweise auf einer übergroßen Nachbildung des besungenen *butt* tanzt[29], geht es in dem Video nicht um die alleinige sexuelle Belustigung des Mannes. So beschreibt Patricia Hill Collins das Lied:

> "Baby got Back" is more clearly rooted in the [...] tradition of celebrating Black women's sexuality via admiring their bodies – in his video Sir Mix a Lot happily wanders among several booty swinging sisters, all of whom are proud to show their stuff. (Collins 2005: 129)

Laut Collins sollen *Baby got back* und das dazugehörige Musikvideo als eine Glorifizierung des weiblichen Körpers, beziehungsweise des weiblichen Gesäßes zu verstehen sein

---

27 Bezeichnungen im Hip Hop Jargon dafür sind beispielsweise *ass, back, booty, bottom, butt, trunk*. Für weitere Definitionen siehe Glossar.

28 Beispielsweise in dem Lied *Booty Wurk* von Rapper T-Pain oder in *Big Booty Bitches* von A Lost People.

29 Das Video ist im Internet frei zugänglich. Siehe Literaturverzeichnis.

(Collins 2005: 129). Zu Beginn des Musikvideos steht eine schwarze Frau auf einem Podest. Im Hintergrund ist ein Himmel zu sehen und das ganze wird mit einem Engelschor musikalisch untermalt. Dies lässt bereits die Assoziation mit der Engelsgleichheit der Frau zu und kann als erstes Indiz für eine Glorifizierung betrachtet werden. Weiter fährt die Kamera langsam auf die Frau zu und hält besonderen Fokus auf ihr Gesäß. Zwei weiße Frauen betrachten die Frau und unterhalten sich über sie. Sie vergleichen ihr Aussehen unter anderem sogar mit dem einer Prostituierten.[30] Es lässt sich jedoch interpretieren, dass die Frau durch ihre erhöhte, fast engelsgleich wirkende Position glorifiziert und von den Rappern nicht als Prostituierte degradiert wird. Hinzu kommt, dass alle Frauen in dem Musikvideo nicht von den anwesenden Männern berührt werden und in einer Art Choreografie tanzen, was ein Indiz für ihr Körperbewusstsein und für den von Collins beschriebenen Stolz auf ihre Körper sein kann. Die Frauen sind stolz auf ihren Körper und auch darauf, afroamerikanischer Herkunft zu sein. Außerdem trotzen sie dem Klischee, das schwarze Frauen oft mit Prostituierten vergleicht. Der Körper der schwarzen Frau wird hier noch bewundert und auf gewisse Weise respektiert, auch wenn eine starke Reduzierung auf einzelne Körperpartien stattfindet.

Es gibt jedoch auch HipHop Musikvideos, in denen das Gegenteil der Fall ist. Im Jahr 2003 erregte der Rapper Nelly mit seinem Lied *E.I. (The Tipdrill Remix)* großes Aufsehen. Im

30 Textauszüge aus dem Gespräch der weißen Frauen: „Oh, my, god. Becky, look at her butt [...] I can't believe it's just so round, it's like,out there, I mean - gross. Look! She's just so...black!" (Sir-Mix-A-Lot, *Baby Got Back*, 1992, Def American Recordings) Collins erklärt dazu weiter dass im Rahmen eines weißen Rassismus vor allem das Gesäß schwarzer Frauen als Sexualsymbol betrachtet wird und sie zudem oft mit Prostituierten verglichen werden. Dies soll größtenteils von den Schwarzen adaptiert worden sein (Vgl. Collins 2005: 129).

Musikvideo zu *E.I. (The Tipdrill Remix)*[31] ist der Rapper zusammen mit seiner *Rap-Crew* (siehe Glossar) The St. Lunatics und einer Unzahl kaum bis gar nicht bekleideter, afroamerikanischer Frauen zu sehen. Die Vielzahl der Frauen im Video bestätigt die oben genannte Austauschbarkeit von Frauen in vielen US-amerikanischen Rapvideos. Hinzu kommt, dass die im Video anwesenden Männer die Frauen ungehemmt an intimen Körperregionen berühren und mit ihnen diverse sexuelle Handlungen imitieren. Auch die Frauen deuten untereinander sexuelle Handlungen an und die Kamera hält teilweise in Nahaufnahme auf Gesäß, Brüste und äußere Geschlechtsorgane der Frauen. Textauszüge Nellys aus dem Lied lauten: „[...] it must be ya ass cause it aint yo face/ I need a tip drill[...]" (Nelly, *E.I. (The Tipdrill Remix): Da Derrty Versions*, 2003, Universal Records). Hier spricht der Rapper ganz offen an, dass ihm bei den Frauen nur der Körper, im speziellen der weibliche *ass* zu seiner sexuellen Befriedigung wichtig ist. Nicht nur der Haupttitel des Liedes *E.I.*[32] impliziert den Drang nach einer sexuellen Handlung. Der Titelauszug *Tipdrill* (siehe Glossar) ist gleichzeitig ein englischer, umgangssprachlicher Ausdruck für einen bestimmten sexuellen Akt, bei dem das Gesäß der Frau von besonderer Wichtigkeit ist. Frauen, die an diesem Akt beteiligt sind müssen dafür nicht zwangsläufig ein hübsches Gesicht haben, Hauptsache ihr Gesäß hat eine angemessene Größe. Dies bringt Nelly mit den Textzeilen „[...] it must be ya ass cause it aint yo face/ I need a tip drill[...]" auch zum Ausdruck. In diesem Video kommt hinzu, dass er den sexuellen Akt, der mit *Tipdrill* gemeint ist zwar nicht vor der Kamera vollstreckt. Am Ende des Videos deutet er ihn jedoch an, indem er einer Frau, ähnlich wie beim Bezahlvorgang an der Ladenkasse,

31 Das Video ist zu sehen unter folgendem Internetlink:
<http://www.myvideo.de/watch/5607973/Nelly_feat_St_Lunatics_E_I_The_Tip_Drill_Remix> (Zugriff: 23.03.2011)

32 Eine Erklärung auf urbandictionary.com lautet: „E.I. stands for "Eat it", Nelly uses it often in his songs. Means that you are about to receive oral sex " (Zugriff 24.03.2011).

eine Kreditkarte zwischen den Gesäßhälften durchzieht[33]. Dies lässt die Interpretation zu, dass die Kreditkarte für das männliche Geschlechtsteil steht. Eine Kreditkarte ist darüber hinaus ein Zahlungsmittel. Durch das Andeuten des Bezahlvorganges wird demonstriert, dass der Mann für die sexuelle Gefälligkeit Geld bezahlt. Auch der Text des Liedes scheint dies zu bestätigen. So heißt es: „We throwin money in the air like we don't give a fuck looking for a tipdrill". In dem Video zu *E.I. (The Tipdrill Remix)* lässt sich, im Gegensatz zu Sir-Mix-A-Lots Video zu *Baby got back*, auch eine Verknüpfung zu den Stereotypen der *bitch, hoochie mama* oder gar zu denen einer Prostituierten erstellen. Diese sollen für sexuelle Dienste verfügbar sein, solange der Mann adäquat dafür zahlt. Dafür, dass die Frauen diese Stereotypen gutheißen, gibt der Text des Liedes eine Bestätigung, da auch Frauen einige Textpassagen in dem Lied übernehmen: „I said it must be ya money cause it ain't your face [...] / My apple bottom looking right I know you wanna bite [...] / I got you paying my bills and buying automobiles [...]". In diesem Kontext legen auch die Frauen keinen Wert auf die Optik des Mannes. Charaktereigenschaften werden überhaupt nicht genannt. Das Geld des Mannes und die damit bezahlbaren materiellen Güter haben Priorität. Als sexuelles Lockmittel, um das Geld zu erlangen, nutzen die Frauen ihren Körper, in diesem Fall ihr Gesäß, das für den Mann frei verfügbar ist, solange er zahlt. Geld erhält der Rapper wiederum mit der Produktion solcher sexistischer Musikvideos, denn auch im HipHop regiert, genauso wie in vielen anderen Genres der Pop-Musik das Motto *Sex sells* (Akua Naru, Interview).

Lied und Video zu *E.I. (The Tipdrill Remix)* stießen besonders von Seiten afroamerikanischer Frauenrechtlerinnen auf immense Kritik. Im Jahr 2004 lehnte das *Spelman College* in

---

33 Im Video unter dem angegebenen Internetlink ist dieser Vorgang ab Minute 5:55 zu sehen.

Atlanta[34] die Bitte Nellys ab, einen Event zugunsten einer möglichen Knochenmarkspende für seine an Leukämie erkrankten Schwester abzuhalten. Grund für die Ablehnung war das Musikvideo zu *E.I. (The Tipdrill Remix)*, das bei vielen der Spelman Studentinnen Entsetzen hervorrief.[35] Asha Jennings, damalige Leiterin der studentischen Versammlung, sprach sich strikt gegen eine derartige misogyne Präsentation von Frauen in HipHop Musikvideos aus und bedauerte, dass sich die Rapkultur von ihren musikalischen Ursprüngen hin zu einer von Misogyne durchzogenen Kultur entwickelt habe. Schnell entwuchs aus diesem Bedauern eine Kampagne namens *Take Back the Music*, die sich gegen die sexistische Präsentation der afroamerikanischen Frau als willige *bitch* einsetzte.[36] Auch die 2005 verstorbene C. Dolores Tucker galt als Vorreiterin der Frauenrechtsbewegung gegen Frauenfeindlichkeit im *Gangsta Rap*. Dafür wurde sie in diversen männlichen Raptexten verachtet und beleidigt.[37] Auch der Rapper Nelly ging nicht auf das Angebot der *Spelman* Studentinnen ein, mit ihnen über die Frauenfeindlichkeit in seinem Musikvideo zu diskutieren.

Bei den zahlreichen sexistischen Darstellungen von Frauen in diversen HipHop Musikvideos stellt sich die Frage, was die zur Schau gestellten Frauen von ihren eigenen Darstellung in den Videos halten. Patricia Hill Collins interpretiert, dass ein Großteil dieser Frauen ihren Körper selbst als Objekte betrachten, die eingesetzt würden, um Akzeptanz und

---

34 Das Spelman College ist eine Hochschule, speziell für afroamerikanische Frauen

35 Mehr Informationen zu dem Vorfall gibt es unter: Stanley. Tarshia. 2010; Artikel, USA today. 2004.

36 Weitere Informationen auf der Internetseite: Arce, Rose. 2005. „Hip-hop portrayal of women protested".

37 Zum Beispiel beleidigt Rapper Tupac Tucker in seinem Lied *How do you want it* wie folgt: „C Dolores Tucker, youse a motherfucker" (Tupac Shakur, *How do you want it: Greatest Hits*, 1998)

Ansehen von einer männlichen Dominanz und Autorität zu erhalten (Vgl. Collins 2005: 129). Collins spricht von einem „male-controlled universe" (ebd.) in dem sich die Frauen vor allem in der Sparte des *Gangsta Rap* befinden. Im Rahmen dessen möchten sie Akzeptanz erhalten, indem sie die Männer belustigen und vor allem ihre sexuellen Wünsche erfüllen. Das *Styling* (siehe Glossar) ist dafür von besonderer Wichtigkeit um aufzufallen und dadurch einer leichten Austauschbarkeit von den Rappern und in den Videos zu entgehen. Um das Ansehen bei den Rappern noch zu steigern gibt es viele Arten, auf die sich die *Video Vixen* (siehe Glossar) optisch dem Schönheitsideal der Rapper anpassen[38]. Größtenteils tragen sie Haarverlängerungen und Perücken, helle Kontaktlinsen

und hautaufhellende Cremes und lassen chirurgische Eingriffe vornehmen, um Brust und Gesäß zu vergrößern oder die Hüften zu schmälern. Darüber hinaus versuchen diese primär afroamerikanischen Frauen vieles um einem europäischen oder nordamerikanischen Schönheitsideal zu entsprechen (Vgl. Steffans 2007: 8).

Als ehemalige Darstellerin in US-amerikanischen HipHop Videos beschreibt Karrine Steffens ihre Erfahrungen in dem Buch *Inside HipHop – Bekenntnisse eines Videogirls*. Auch sie wurde von der männlichen HipHop Szene als *Sexsymbol* betrachtet und mit Gewalt und Aggressivität bestraft, wenn sie sich dem Willen einiger Rapper nicht fügte. Trotzdem unterlag sie stets dem Drang, den Rappern zu gefallen und auch dem Bild einer *bad bitch* zu entsprechen: „Ich hörte zu, wie die Rapper über 'böse Schlampen" sprachen, und ich

---

38 Dieses Schönheitsideal wird auch in vielen Raptexten ausgedrückt. Z.B. in „Beautiful" (2003) von Rapper Snoop Dogg wo es heißt: „Long hair, wit'cha big fat booty" oder in „Baby got back" von Sir Mix a Lot: „ 'Cause your waist is small and your curves are kickin'" Mehr Informationen zu dem Schönheitsideal afroamerikanischer Frauen finden sich auch in dem 7:15 Minuten andauernden Film *A Girl Like Me* (Davis, Kiri. 2006.„A Girl Like Me").

wollte eine sein. Sie gaben mir eine Vision, nach der ich streben konnte" (Steffans 2007: 84). Als Begründung dafür schreibt Steffans:

> Der wichtigste Grund, warum eine Frau in einem Rap-Video mitspielt, in dem sie sich nackt auf einem teuren Auto räkelt, während der Rapper unanständige Dinge über sie sagt, ist fehlendes Selbstwertgefühl. [...] keine Frau, die sich selbst kennt, schätzt und liebt, würde es zulassen, dass man sie in eine solch degradierende Situation bringt. (Steffans 2007: 9)

Steffans macht unter anderem ihre gewalttätige Kindheit und ihr instabiles Familienleben für das mangelnde Selbstwertgefühl verantwortlich. Tatsächlich unterliegen viele der *Videogirls* (siehe Glossar) einem ähnlichen Schicksal. Drogensucht, der Druck schnelles Geld zu verdienen und der Wunsch nach Liebe und Anerkennung aufgrund einer instabilen Kindheit sind Gründe dafür, warum vieler dieser Frauen sich in den Rapvideos zur Schau stellen und die Unterdrückung einer männlichen Dominanz zulassen.

Die schwarze Frau als Sklavin? Historische Adaptionen im HipHop aus der Zeit der Sklaverei

Die Annahme einer sexuellen Verfügbarkeit insbesondere von afroamerikanischen Frauen, lässt sich historisch bereits auf die Zeit der Sklaverei[39] in Amerika zurückführen. Im Rahmen einer von Rassismus und Exotismus geprägten

39 In Amerika wurden Sklaven ca. vom 17. bis zum 19. Jahrhundert gehalten. Nähere Ausführungen zur Sklaverei in Amerika finden sich beispielsweise in: Berlin, Ira. 2003. Generations of Captivity: A History of African-American Slaves. Cambridge, London: The Belknap Press of Harvard University Press.

Denkweise wurde der schwarzen Sklavin eine übersteigerte Promiskuität zugeschrieben. Ihr haftete die Reputation der Männer verführenden *Jezebel*[40] an, der bereits in der Bibel ein negativer Ruf obliegt. Aufgrund ihrer Reputation wurde die Sklavin teilweise nicht nur wie ein Tier behandelt, das unter unmenschlichen Bedingungen hart arbeiteten musste. Sklavenhalter benutzten ihre Sklavinnen größtenteils auch als sexuelle Besitztümer. Dies galt zum einen dem Zweck der Fortpflanzung, da die Sklavinnen oftmals als sogenannte *breeder women* (Vgl. Collins 2005: 100) eingesetzt wurden. Sie sollten mit den männlichen Sklaven schlafen, um möglichst viele Kinder zu gebären, die wiederum als Arbeitskräfte eingesetzt wurden. Zum anderen galten die Sklavinnen jedoch auch dem sexuellen Vergnügen ihrer Sklavenhalter und sie wurden häufig von diesen vergewaltigt. Der promiskuitive Ruf der schwarzen Frauen sorgte für die Annahme, dass ihnen sexuelle Handlungen Freude bereiteten und sie deshalb überhaupt nicht vergewaltigt werden könnten. Dadurch wurden die Vergewaltigungen und die sexuelle Ausbeutung legitimiert (Vgl. Collins 2005: 101). Bereits hier lässt sich eine Parallele zu den oben beschriebenen US-amerikanischen HipHop Videos ziehen, in denen die schwarze Frau auf ihre Sexualität reduziert wird. Ähnlich wie die Sklavin wird auch die Frau von vielen Rappern als sexuelles Besitztum degradiert. Auch die Soziologin Patricia Hill Collins vergleicht die sexistische Objektifizierung von afroamerikanischen Frauen in vielen US-amerikanischen HipHop Videos mit der Zurschaustellungen von Sklavinnen auf Sklavenmärkten. Zur Zeit der Sklaverei wurden die Sklavinnen auf Versteigerungspodesten teilweise nackt zum Verkauf angepriesen (Collins 2005: 128). Vergleichend dazu steigen auch die Verkaufszahlen der HipHop Lieder durch die Präsenz vieler, halbbek-

---

40 Im Neues Testament der Bibel, Offb. 2,20 LUT ist von Isebel (Englisch: Jezebel) die Rede. Diese soll eine Prophetin aus der Stadt Thyatira gewesen sein, der vorgeworfen wurde Christen zu Unzucht zu verführen

leideter Frauen in den Videos (Akua Naru, Interview). Demzufolge lässt sich interpretieren, dass im US-amerikanischen HipHop eine Adaption des Rollenkonzepts schwarzer Frauen aus der Sklavenzeit existiert.

Die Professorin und Philosophin bell hooks[41] spricht zur Begründung dieser Adaption von „gender politics of slavery" (hooks 2004: 3), die zu Zeiten der Sklaverei herrschten, und für die Rollenzuschreibungen von Mann und Frau zuständig waren: Die US-amerikanische Sklaverei war durch das Patriarchat von Seiten der weißen Sklavenhalter geprägt. Im Rahmen dessen kam es auch oft zu Gewaltanwendungen, um die Dominanzposition des Mannes zu demonstrieren. Hooks bemerkt dazu, dass viele der afrikanischen Sklaven eine solche patriarchale Rollenverteilung aus ihren Herkunftsländern nicht kannten. Die Dominanz und das Patriarchat der weißen Männer in Amerika wurde von den afrikanischen Sklaven daher als Rollenkonzept für den Mann größtenteils erst in Amerika erlernt (hooks 2004: 2ff). Patriarchalisch bestimmten die Sklavenhändler jedoch nicht nur über ihre Sklavinnen, sondern sie dominierten auch ihre männlichen Sklaven. Auch die Vergewaltigungen von schwarzen Frauen durch die Sklavenhalter stellten Demütigungen für die männlichen Sklaven dar, da viele der vergewaltigten Frauen mit Sklaven verheiratet waren. Durch den Zwang zu sexuellen Handlungen mit anderen Sklaven und mit Sklavenhaltern wurden auch die männlichen Sklaven erniedrigt, da sie sich dem Willen der Sklavenhalter fügen mussten (Vgl. Leibnitz 2007: 159). Auch freie schwarze Männer litten immer wieder unter der Unterdrückung durch weiße Männer und konnten nichts dagegen tun. Sie hatten die von hooks so bezeichneten *gender politics,* zwar erlernt, konnten dieses Rollenkonzept als schwarze Männer jedoch nicht vollends in der weißen Gesellschaft ausüben. Dies soll zu einem Gefühl der

41 Bürgerlicher Name ist Gloria Watkins. Kleinschreibweise ihres Pseudonyms von ihr bewusst gewählt.

Entmännlichung beim afroamerikanischen Mann geführt haben. Die Wut darüber entlud sich häufig in häuslicher Gewalt (Vgl. Leibnitz 2007: 160). Das Zuhause mit Frau und Kind wurde zu einem Ventil für die aufgestaute Wut und Aggressivität. Gleichzeitig konnte das erlernte Patriarchat dort ausgelebt werde. Auch nach der Zeit der Sklaverei blieb es für den Schwarzen Mann schwer, das auferlegte Rollenkonzept auszufüllen. Da es für ehemalige, männliche Sklaven schwer war Arbeit zu finden, verdienten oftmals ihre Frauen das Geld für die Familien (Vgl. ebd.). Auch dies führte zu einem zusätzlichen Gefühl der Entmännlichung. Es wurde gar befürchtet, dass dadurch eine Umkehrung der Rollenkonzepte einherging: „Die traditionelle Rolle des Mannes als Oberhaupt und Ernährer der Familie wurde plötzlich durch das Stereotyp der dominanten Matriarchin, die Mann und Kinder beherrscht und maßregelt massiv bedroht." (Leibnitz 2007: 160). Und auch darauf reagierten viele der afroamerikanischen Männer mit Aggressivität und häuslicher Gewalt (Vgl. ebd.).

Männliche Aggressivität spielt im HipHop noch immer eine tragenden Rolle und durchzieht, in Form von aggressiven Texten und einer genauso aggressiven Art des Sprechgesangs, eine Vielzahl von Raplieder. Ähnlich wie die Sklavenhalter zur Sklavenzeit, schrecken einige Gangsta Rapper auch vor körperlicher Züchtigung nicht zurück. Dies zeigt sich nicht nur in den misogynen Darstellungsweisen in den Rapvideos, sondern auch im Privatleben der Rapper. So wurde beispielsweise der Rapper Mystikal im Jahr 2004 wegen Vergewaltigung zu sechs Jahren Haft verurteilt. Seine Frisörin soll ihm Geld gestohlen haben. Zusammen mit zwei Rapkollegen, soll er sie daraufhin als Strafe zu sexuellen Handlungen gezwungen haben (BBC-News Artikel:"Rapper Mystikal on rape charge"). Ein solch bestrafendes Verhalten wird von vielen Rappern als adäquate Maßnahme angesehen, ihre Dominanz unter Beweis zu stellen, wenn sich Frauen dieser widersetzen (Vgl. Leibnitz: 161). Auch Raptexte und

HipHop Videos stellen immer wieder dar, dass die Frau im HipHop eine dem Mann untergeordnete Rolle einzunehmen hat und gegebenenfalls durch Gewalt in ihre Schranke gewiesen werden kann.[42] All dies lässt sich als eine Adaption der Verhältnisse aus der Sklavenzeit interpretieren: Endlich kann das patriarchale Rollenkonzept verwirklicht werden. Bezeichnungen wie *bitch*[43], die Degradierung der Frau auf ihre Sexualität und Fertigkeiten im Haushalt und die Belohnung bei erwiesener Loyalität und Hörigkeit sind darüber hinaus weitere Aspekte einer solchen Verwirklichung im US-amerikanischen HipHop .

Die Konstruktion der *Bad black women*

Zur Zeit der Sklavenhaltung in Amerika nahm die schwarze Sklavin die „Rolle der körperlich verfügbaren Kontrastfigur" (Leibnitz 2007: 159) zur weißen Südstaatenfrau ein, die „moralisch tadellos stilisiert[...]" (ebd.) wurde.[44] Die Soziologin Patricia Hill Collins stellt die Behauptung auf, dass eine ähnlich konträre Sichtweise schwarze und weiße Frauen betreffend, sich auch gegenwärtig in der amerikanischen Gesellschaft hält. Collins wirft dieser teilweise eine essentialistische Denkweise vor. Laut Collins gibt es vor allem eine Differenz zwischen weißen und schwarzen Müttern (Vgl. Collins 2006: 62ff). Demnach sollen weiße Mütter, die der amerikanischen Mittelklasse angehören, die idealen genetischen und gesellschaftlichen Voraussetzungen für eine Mutterschaft

42 Als Beispiel dafür gilt zum Beispiel das Lied „Can you control your hoe" von Snoop Dogg

43 *Bitch* kann auch benutzt werden, um die Angst vor einem Machtverlust zu überspielen. So beschreibt Leibnitz: „Indem die Frau als Hündin bezeichnet wird, erscheint sie als evolutorisch unterentwickelt und damit dem Mann unterlegen" (Leibnitz 2007:160) .

44 Hier lässt sich ein Vergleich ziehen zum Gegensatz zwischen Heiliger und Hure im Christentum.

erfüllen. Sie sollen über ein gesichertes soziales Umfeld verfügen und, in den meisten Fällen, dem Idealbild von Familie entsprechen. Dies besteht aus einem verheirateten, weißen Elternpaar mit Kindern und einem adäquaten Einkommen (Vgl. Collins 2006: 62ff). Auch der Staat soll diesen Mittelklasse-Frauen eine Vielzahl von Privilegien zukommen lassen. Weiße Mütter der Arbeiterklasse erfüllen zwar immer noch die genetischen Voraussetzungen, um das ideale Familienbild auszufüllen, jedoch nicht die sozialen. Collins sagt, dass diese Frauen oft unverheiratet oder alleinerziehend und oftmals auf Hilfe vom Staat angewiesen seien.[45] Beide Kategorien teilt Collins in *passende* und *weniger passende Mütter* ein und stellt zudem die dritte Kategorie der *unpassenden Mütter* auf.[46] Zu dieser Kategorie sollen vor allem schwarze Frauen der Arbeiterklasse zählen. Nicht nur genetisch werden sie als unpassend angesehen. Laut Collins wird ihnen eine sexuelle Unverantwortlichkeit und mangelnde Intelligenz vorgeworfen. Als drogensüchtige *crack mothers* (Vgl. Collins 2005: 131) sollen sie das Leben ihrer Kinder gleichgültig gefährden, als *bad black mothers* (ebd.) sich generell nicht um ihre Kinder kümmern und sich stets egoistisch verhalten. Außerdem werden sie als faule *welfare queens* (siehe Glossar) bezeichnet, denen es ausschließlich darum geht fianzielle Mittel vom Staat zu beziehen.[47] Auch wenn sich diese Frauen dazu entscheiden keine Kinder zu bekommen, soll sich nichts an ihrer negativen Reputation ändern: Es existiert das Image der *bad black woman* (Collins 2000: 72). Schwarze Frauen werden leicht an den Rand der Gesellschaft verbannt (ebd.).

---

45 Collins erwähnt weiter, dass diesen Frauen durch Republikanische Gesetze der Zugang zur Wohlfahrt und sozialer Hilfe erschwert wird. Dies führt vermehrt dazu, dass sie ihre Kinder abtreiben oder zur Adoption freigeben. Adoptionen erfolgen größtenteils durch Vertreter der Mittelklasse. (Vgl. Collins 2006: 65ff.)

46 Collins spricht von fit, less fit und unfit mothers (Vgl. Collins 2006: 62ff.)

47 Für weitere Ausführungen siehe „(Collins 2006: 55ff.)

Race, class und gender Stereotype zeichnen sind hier demnach deutlich ab.

Als weitere Negativbezeichnung wird auch hier oft der Begriff *bitch* für diese Frauen verwendet. Daraus resultiert, dass ebenso wie sich der ursprünglich negativ behaftete Begriff *nigger* (siehe Glossar) im HipHop Jargon unter Schwarzen neutralisiert hat, auch der Begriff *bitch* von vielen weiblichen Schwarzen und Anhängerinnen der HipHop Kultur verwendet wird (Vgl. Collins 2000:123; Akua Naru, Interview). Solange er unter Gleichgesinnten verwendet wird, hat er keine negative Bedeutung.[48] Es gibt jedoch auch Frauen, die sich selbst dann nicht negativ angesprochen fühlen, wenn sie von Männern oder Nicht-Afroamerikanern als *bitch* oder dergleichen bezeichnet werden.[49] Damit unterstützen sie jedoch die ihnen auferlegte Stereotypisierung. Trotz des maskulin dominierten Normenkodexes und der teilweise negativen Reputation schwarzer Frauen in der Gesellschaft gibt es innerhalb der HipHop Kultur auch Frauen, die sich nicht unterordnen und versuchen sich gegen eine solche Degradierung zu stellen. Meist sind diese Frauen selbst Rapperinnen und verkörpern ihren Widerstand einerseits in ihren Raptexten, andererseits jedoch in spezifischen Verhaltensweisen und optischen Erscheinungsformen. Damit schaffen sie sich eine eigene *Realness* als Gegensatz zu der männlich konstruierten Authentizität und als Widerspruch gegen das Stereotyp der *bad black woman*. Auch die *bitch*-Bezeichnung wird von vielen dieser Rapperinnen subjektiv, jedoch nicht

---

48 Auch Rapperin Akua Naru bestätigt das: „I grew up in a community where it was ok to refer to yourself as a bitch or a hoe in friends. Like oh that's my bitch we're cool. And at the time that I was saying this word – I didn't mean to disrespect my friends." (Akua Naru, Interview)

49 Die Frauen fühlen sich nicht angesprochen durch die Bezeichnung. Akua Naru sagt dazu auch: „There are a lot of women that are like yeah well he's not talking about me he's talking about these women." (Akua Naru, Interview).

negativ konnotiert verwendet. Andere hingegen lehnen ihn konsequent ab.

Rapperinnen und ihre Repräsentationsformen

Cheryl L. Keyes ist Professorin für Musikethnologie an der *University of California* in Los Angeles. Sie hat sich vor allem auf afroamerikanische Musik und HipHop spezialisiert und in diesem Rahmen diverse nationale und internationale Forschungen durchgeführt und geleitet.[50] In ihrem Text *Empowering Self, Making Choices, Creating Spaces: Black female Identity via Rap Music Preformance* beschreibt Keyes, dass entgegen weitverbreiteter Ansichten der US-amerikanische HipHop nicht ausschließlich männlich dominiert ist. Frauen sollen sich von Anbeginn des HipHop an dessen Tradition beteiligt haben. Keyes stellt außerdem die Theorie auf, dass sich die Repräsentationsformen von Rapperinnen im US-amerikanischen HipHop in vier Kategorien einteilen lassen. So beschreibt sie:

> In the female rap tradition, four distinct categories of women rappers emerge in rap music performance: „Queen Mother," „Fly girl," „Sista with Attitude," and lesbian. Black female rappers can, however, shift between these categories or belong to more than one simultaneously. More importantly, each category mirrors certain images, voices, and lifestyles of African American women in contemporary urban society. (Keyes 2006: 266)

---

50 Vgl.:Die Ergebnisse ihrer Forschungen wurden in zahlreichen Publikationsformen veröffentlicht. Ihr Buch *Rap Music and Street Consciousness,* in dem sie sich mit der Geschichte der afroamerikanischen Rap Musik auseinander setzt, wurde im Jahr 2004 mit dem *Choice* Award für herausragende, akademische Literatur gekürt. Siehe: The UCLA Herb Alpert School of Music. Department of Ethnomusicology. "Cheryl L. Keyes Bio".

Keyes Kategorisierungen sollen anhand von Beispielen im Folgenden vorgestellt werden.

Fly Girls und *Sistas with Attitude* – eine Subversion?

Die Kategorie *Fly Girl* bezeichnet der Einteilung Keyes entsprechend: [...] someone in chic clothing and fashionable hairstyles, jewelry, and cosmetics [...]" (Keyes 2006: 269). Diese zunächst optischen Merkmale sollen auf das Ende der 1960ger und den Anfang der 1970ger Jahre in den USA zurückzuführen sein, als die sogenannten *Blaxploitation*[51] Filme Einzug in die amerikanische Filmbranche erhielten. Dieses Filmgenre wurde speziell von Afroamerikanern für Afroamerikaner entwickelt und Filme wie *Shaft* aus dem Jahre 1971 oder *Foxy Brown* aus dem Jahre 1974 erlangten einen hohen Bekanntheitsgrad im Rahmen dieses Genres. Vor allem Schauspielerin Pam Grier und ihre diversen Rollen in *Blaxploitation* Filmen wurde zum Vorbild für die Kategorie der *Fly Girls*. In *Foxy Brown* spielt sie die gleichnamige Hauptfigur und kämpft gegen Drogendealer und die Mafia. Zudem hebt sie sich in ihren Rollen durch ihre Optik hervor. „Despite her long hair, facial features, and full-figured body that granted her femininity under Western standards of beauty, Grier's height made her taller than most men, a size that granted her power of potentially dominating men" (Collins 2005: 124). Stärke und Dominanz, vor allem dem männlichen Geschlecht gegenüber, zeichnen demzufolge das *Fly Girl* aus. Eine gewisse Unabhängigkeit und Abgrenzung von der männlichen Dominanz ist von Wichtigkeit.

Als Beispiel für eine solche Übertragung der *Fly Girls* auf den US-amerikanischen HipHop kann das weibliche Rap-Trio Salt-N-Pepa dienen. Genau so wie Grier sind auch Salt-

51 Weitere Ausführungen siehe: Griffiths, Edward. 2001. "'Introduction to the genre".

N-Pepa für das Tragen figurbetonter Kleidung bekannt. Darüber hinaus betrachten die Rapperinnen in ihrem Lied *Shoop* Männer als Objekte ihrer weiblichen, sexuellen Begierde. In einem Textauszug heißt es: Here I go, here I go, here I go again. Girls, what's my weakness? Men!" (Salt-N-Pepa, *Shoop*, 1993, FFFR). Auch in ihrem Lied *Let's talk about sex* rappen sie freizügig über die weibliche Sexualität. So wie viele männliche Rapper, die Frau zu ihrem Sexualobjekt machen, kehren diese Rapperinnen die männliche Sichtweise für sich um und stehen somit für eine selbstbestimmte, weibliche Sexualität ein. Dabei ist ihnen die sexuelle Sicherheit jedoch sehr wichtig. Im Jahre 1992 formte Sal-N-Pepa *Lets talk about sex* in *Lets talk about Aids* um und geben im Text des Liedes den „Unbesorgten und Uninformierten" (Vgl. Salt_N-Pepa, Text des Liedes „Let's talk about Aids") eine sexuelle Aufklärung darüber, wie man an AIDS erkranken und wie man dies verhindern kann. Auch die weibliche Hip-Hop Gruppe TLC, die eine ähnliche, sexuell selbstbestimmte Haltung einnimmt wie Salt-N-Pepa, machen in Liedern wie *Waterfalls* auf die Erkrankung aufmerksam und somit *safer sex* (siehe Glossar) als Bedingung für die weibliche, sexuelle Freiheit.

Neben der sexuellen Selbstbestimmung und der Abgrenzung von der männlichen Dominanz kommt bei vielen *Fly Girls* auch der Begriff *bitch* zum Tragen. Auch hier findet eine Subversion der männlichen Sichtweise statt. Der aus männlicher Perspektive negativ konnotierte Begriff *bitch* wird für viele *Fly Girls* positiv umgekehrt. Die Soziologin Patricia Hill Collins gibt in diesem Zusammenhang die Definition der *Bitch* mit einem großgeschriebenen „B" an (Vgl. Collins 2005: 124). Laut Ergebnis einer Studie mit Studierenden der *African American Studies* an der *University of Cincinnati* besteht somit ein Unterschied zwischen der negativ behafteten Bezeichnung als *bitch* und der einer *Bitch* mit vorangestelltem Großbuchstaben. Collins beschreibt diesen Unterschied wie folgt: „Bitches with a capital „B" or in their language, 'Black

Bitches', are super-tough, super-strong women who are often celebrated“ (Collins 2006: 124). Auch dem zunächst negativ anlautenden Begriff *bad bitch* wird eher eine positive Bedeutung zugeschrieben, beispielsweise die einer „[...] good Black woman [...], when she puts her looks, sexuality, intellect, and/or aggression in service to African American communities“ (Collins 2005: 124). Dies stellt auch eine positive Umkehrung der Bezeichnung als *bad black woman* dar. Auch die Schauspielerin Pam Grier wurde im Zusammenhang mit ihren früheren Filmrollen häufig als *bad bitch* bezeichnet, was durch ihr rabiates Auftreten und ihrem femininen Aussehen rechtfertigt wurde. In einem Interview mit der Süddeutschen Zeitung aus dem Jahre 2008 sagt die Schauspielerin selbst über ihre damaligen Filmrollen: „In meinen Filmen aus den siebziger Jahren ging es zum ersten Mal um schwarzen Stolz. Foxy Brown oder Coffy sind starke Frauen, die ihre Weiblichkeit trotz ihres gerechten Zorns nicht verlieren“ (Stocker, M. 2008).

An dieser Stelle bietet sich die Interpretation an, dass der „gerechte Zorn“ sich gegen die männliche Dominanz und Unterdrückung richtete. Widerstandsfähigkeit und Stärke gepaart mit einer erotischen Optik wurden somit, unter anderem durch die *Blaxploitation* Filme, zu einem Leitbild für afroamerikanische Weiblichkeit im HipHop . Dieses Leitbild wurde von den heutigen *Fly Girls* adaptiert und auch die Raptexten dieser Rapperinnen sprechen sich größtenteils für eine Unabhängigkeit und Selbständigkeit der Frau aus.

Auch Rapperinnen der Kategorie *Sista with Attitude* setzen auf ähnliche Werte, wenngleich auf eine aggressivere Art und Weise. *Sista with Attitude* soll die Kategorie der Rapperinnen abdecken, die sich aggressiv, laut und arrogant (Vgl Keyes 2006: 271) zu Wort melden. Damit entsprechen sie zunächst der Negativdefinition einer *bitch* und tatsächlich soll auch hier der Großteil der Rapperinnen dieser Kategorie den pejorativen Begriff *bitch* für sich als Selbstbezeichnung in Anspruch nehmen. Ähnlich wie bei den *Fly Girls* wird der

Begriff positiv besetzt und steht auch hier für Unabhängigkeit vor allem von einer männlichen Dominanz. So beschreibt Keyes die *Sistas with Attitude*: „Female MCs revise the standard definition of *bitch* from an 'agressive woman who challenges male authority' [...] to an aggressive or assertive female who subverts patriarchal rule" (Keyes 2006: 271) Zudem spielt auch bei den *Sistas with Attitude* Erotik eine ausschlaggebende Rolle. Dies äußert sich unter anderem in der Optik der Rapperinnen. Sie legen Wert darauf möglichst viel Haut zu zeigen und stellen sich auch auf sexuell aufreizende Art und Weise in ihren Musikvideos zur Schau. Auch in ihren Raptexten setzten sie eindeutig sexuelle Signale und klingen inhaltlich oft ähnlich, wie eine Vielzahl ihrer männlichen Rapkollegen. Eine *Sista with Attitude* kann zum Teil als das weibliche Pendant zum männlichen *Gangsta Rapper* gesehen werden. Anders als die *Fly Girls* sind diese Rapperinnen oft sogar Mitglieder in männlichen *Rap Crews*. *Attitude* steht bei ihnen für eine genauso aggressive und sexuelle Haltung wie sie vor allem den männlichen *Gangsta Rappern* zugeschrieben wird. Nur kehren diese Rapperinnen die, oftmals frauenfeindliche Haltung subjektiv ins Positive um. Sexualität wird nicht allein für die männliche Befriedigung, sondern als Ausdruck eines selbst definierten Selbstbewusstseins eingesetzt. Was sie dabei von den *Fly Girls* unterscheidet ist, dass ähnlich wie bei der Bedeutungszuschreibung der *bitch* Sexualität auch eingesetzt werden kann, um vom Mann dafür mit Wertgegenständen und Geld entlohnt zu werden.

Bekannte Vertreterinnen der *Sistas with Attitude* sind die Rapperinnen Lil Kim und Foxy Brown. Foxy Brown hat als Vorbild für ihr Rap-Synonym die gleichnamige, durch Pam Grier verkörperte Filmfigur gewählt und verkörpert diese optisch durch das zeigen von besonders viel Haut und körperlichen Reizen. Auf ihrem 1996 erschienen Debütalbum *Ill Na na* rappt sie freizügig über ihre sexuelle Selbstbestimmtheit. Der Albumtitel, der allein schon eine sexuelle Haltung evoziert[52], ist gleichzeitig Titel eines darauf enthaltenen Liedes, in dem die Rapperin über sich selbst rappt: „She's all about sex [...] Shakin my ass half naked, loving this life" (Foxy Brown, Ill Na Na, 1996, Def Jam Recordings). Die vom männlichen Rapper ausgehende, sexuelle Dominanz beansprucht sie damit in einer Art Umkehrverfahren für sich selbst. Auch Lil Kim veröffentliche 1996 ihr Debütalbum *Hard Core* und verfolgt darauf die Devise, sich in sexueller Hinsicht vom Mann das zu holen, was sie möchte und dies auch offen auszusprechen.[53] Darüber hinaus bezeichnet sie sich in einem gleichnamigen Lied sogar als *Queen Bitch* und trägt den abgekürzten Namen *Queen B* als weiteres Rap-Synonym. Beide Rapperinnen sind demzufolge stolz auf die *bitch*-Bezeichnung, sehen ihn als eine für sie positive Darstellung an und spielen zudem immer wieder mit diversen Begriffserweiterungen. So rappt Lil Kim in *Queen Bitch*: „Queen bitch, supreme bitch, kill a nigga for my nigga by any means bitch, murder scene bitch" (Lil Kim, Queen Bitch: Hard Core, 1996, UNDEAS Recordings). *Queen Bitch* und *supreme bitch* sind hier zunächst als eine Art erhobene, fast königliche Position zu verstehen, die sich die Rapperin durch die Begriffserweiterungen gibt. Darüber hinaus bezieht sie sich in dem Textauszug auf ihre Zugehörigkeit zu einer männlichen Rapcrew. Sowohl Foxy Brown als auch Lil Kim sind Mitglieder in sogenannten *Crews* (siehe Glossar), die größtenteils auch in kriminellen Machenschaften verwickelt sind. Aus der Perspektive männlicher Crewmitglieder werden solche Frauen auch als *down ass bitch* oder *hard-core shortys* bezeichnet (vgl. Pough 2004: 90). Mit den Textzeilen „Kill a nigga for my nigga" evoziert Lil Kim nicht nur ihre Bereitschaft zur Gewalt in der kriminellen *Crew*. Sie drück auch ihre Loyalität zur *Crew* aus und wäre als „murder scene bitch" sogar dazu

---

52 Im Rap-Jargon ist das wort *ill* mit den deutschen bezeichnungen *cool* oder *hip* zu vergleichen. *Na Na* ist ein anderes Wort für das weibliche Geschlechtsorgan.

53 Als Beispiele können ihre Lieder *Not Tonight* oder *Big Momma Thang* genannt werden.

bereit, für ihre männlichen Crewmitglieder zu töten. Auch Foxy Brown widmet ihrer Rap Crew mit *Letter To The Firm (Holy Matrimony)* ein ganzes Lied und rappt darin unter anderem: "Me and you forever, hand in hand, I'm married to The Firm boo, you got to understand, I'll die for em [...] I'ma lie for em" (Foxy Brown,*Letter To The Firm (Holy Matrimony)*: Ill Na Na, 1996, Def Jam Recordings). Damit erklärt sie ein der Ehe ähnliches Bündnis zu ihrer *Crew* und, dass sie bereit wäre, alles für diese zu opfern.

Dieses einerseits vor allem sexuelle Selbstbewusstsein, das trotzdem an männliche Rap-*Crews* gekoppelt ist, die wiederum für frauenfeindliche Inhalte im US-amerikanischen HipHop stehen, stößt bei Kritikern nicht nur auf positive Resonanz. *Sistas with Attitude* wie Lil Kim oder Foxy Brown wird nicht nur vorgeworfen das Motto sex sells (Vgl. Akua Naru, Interview) auszunutzen und ihre sexuellen Reize zu nutzen, um dadurch an Ruhm zu gewinnen. Sie stehen auch unter dem Vorwurf sich zu Opfern männlicher Ausbeute zu machen (Vgl. Pough 2004: 186). Dieser Vorwurf wird damit begründet, dass viele der Raptexte von männlichen Rappern und Komponisten geschrieben wurden, die sich für das Rollenbild der *Pimp* und *Gangsta Rapper* aussprechen. In dem die Rapperinnen diese Texte rappen, drücken sie nicht ihre persönliche Sexualität und *Attitude* aus, sondern jene, die ihnen von Seiten der männlichen HipHop per auferlegt werden (Vgl. Pough 2004: 186). Sie stellen demzufolge nur oberflächlich eigenständige Persönlichkeiten dar. Eigentlich fügen sie sich jedoch den Normen des Patriarchats, indem sie auf die Loyalität zu den Rappern bestehen, den *bitch*-Begriff freiwillig für sich beanspruchen und optisch dem männlichen, sexuellen Idealbild entsprechen (Vgl. Leibnitz 2007: 158ff).

An dieser Stelle lässt sich interpretieren, dass es den *Fly Girls* wie TLC oder Salt-N-Pepa durch die Parodie vieler männlicher Normen noch gelingt, ihre Selbstbestimmtheit auszudrücken und sich den Zwängen des Patriarchats zu widersetzen. Rapperinnen wie Lil Kim oder Foxy Brown gelingt dies durch die Imitation der *Gangsta Rapper* jedoch nicht (Vlg.Friedrich 2004: 208). Durch eine Loslösung von den männlichen *Crews* könnte ein weiterer Schritt gegen das Patriarchat vorgenommen werden. Die Feministin Joan Morgan rechtfertigt diese Loyalität jedoch in ihrem Werk *When Chickenheads Come Home to Roost: A Hip-Hop Feminist Breaks It Down*. Sie sagt, dass durch die rassistisch geprägte Vorgeschichte der Afroamerikaner eine interne Loyalität zueinander besteht:

> Racism and the will to survive it create a sense of intraracial loyalty that makes it impossible for black women to turn our backs on black men - even in their ugliest and most sexist moments. (Morgan, 1999: 36)

Übertragen auf den US-amerikanischen HipHop lässt dies folgende Interpretation zu: Auch wenn sich vor allem schwarze Frauen in der HipHop Kultur gegen das Patriarchat und die bestehenden Genderverhältnisse stellen wollen, befinden sie sich in einem Zwiespalt zwischen Selbstbestimmtheit und durch die rassistische Vorgeschichte geprägter Loyalität zum schwarzen, männlichen HipHop per.[54] Rassismus hat folglich einen gewissen Zusammenhalt geschaffen unter dem Großteil der schwarzen HipHop -Anhänger.

Homosexualität: Ein Tabuthema im US-amerikanischen HipHop

---

54 Als Beispiel kann hier die Hip Hop Sängerin Beyonce angeführt werden. Mit Liedern wie *Independent Women* oder *If I where a boy* steht sie für die Selbstbestimmtheit der Frau ein, ist jedoch mit dem Rapper Jay-Z verheiratet, der in seiner Karriere vermehrt mit misogynen Inhalten Bekanntheit erlangte (ZB. *Money, Cash, hoes*)

Die Kategorie *Lesbian* bezieht sich laut Keyes auf homosexuelle Rapperinnen. Bis heute bekennen sich jedoch kaum Rapperinnen und Rapper im HipHop öffentlich zur Homosexualität, da der US-amerikanischen HipHop Szene der stille Vorwurf der Homophobie[55] obliegt (Vgl. Keyes 2006: 272). Der Soziologin Tricia Rose zufolge ist dieser Vorwurf ein stiller, da der Schwerpunkt der meisten Kritiken, die sich mit der HipHop Szene auseinandersetzen, auf Sexismus und Frauenfeindlichkeit läge. Somit würde der Homophobie eine gewisse Akzeptanz verliehen (Vgl. Rose 2008: 236). Rose macht dafür das im HipHop vorherrschende „pro-gangsta-pimp-ho-image" (Rose 2008: 137) verantwortlich. Das durch *Gangsta* und *Pimp Rapper* bestehende Patriarchat duldet demnach keine Homosexualität und sieht diese viel mehr als Schwäche an.

Women who are considered too independent, tough, and powerful are negatively labeled as lesbians. Men insulted for being too weak are often called "faggots"[[56]]. In this version of heterosexual masculinity the parameters of manhood are being protected when homosexuality is equated with "femininity", and both are designated as weak and subordinate. (Rose 2008: 236)

Die Sängerin Marsha Ambrosius greift das Thema der Homophobie in der HipHop Kultur im Musikvideo zu ihrem Lied *Far Away* auf, indem sie ein schwules, schwarzes, der HipHop Kultur zugehöriges Liebespaar darstellt, von dem ein Partner aus Frustration über Diskriminierung Selbstmord beginnt.[57] Damit bricht sie ein Tabuthema im HipHop und zeigt zugleich die herrschenden, homophoben Verhältnisse auf. Im Jahr 1998 veröffentlichte Rapperin Queen Pen das Lied *Girlfriend* indem sie darüber rappt, wie sie einem Mann

---

55 Schwulen-und Lesbenfeindlichkeit

56 Siehe Glossar: faggot

57 Video siehe: Viva TV. 2011. Musikvideo, Marsha Ambrosius: *Far Away*.

die Freundin ausspannt. Mit Textzeilen wie: „Pull you out your closet […] It's my buisness of what I do, him or her, he or she“ (Queen Pen, *Girlfriend*: My Melodie, 1997, Interscope Records) spricht sie zudem sexuelle Freizügigkeiten Männern und Frauen gegenüber an. Mit *Girlfriend* brach auch Queen Pen ein bis dato bestehendes Tabu und setzte bezüglich dem Thema Homosexualität einen Meilenstein in der HipHop Szene.[58] Trotzdem gibt es, entgegen Cheryl L. Keyes' Kategorie *Lesbian* zumindest im Mainstream Bereich des US-amerikanischen HipHop kaum eine Rapperin, die sich selbst öffentlich als Lesbierin bezeichnet. Homosexualität wird in Raptexten eher umschrieben, als einmalige, sexuelle Erfahrungen dargestellt oder als Mittel eingesetzt, heterosexuelle, männliche Fantasien von lesbischen, sexuellen Rollenspiele zu erfüllen. Rapperin Nicki Minaj, die momentan im HipHop sehr erfolgreich ist, bekennt sich jedoch zumindest öffentlich zur Bisexualität und gibt selber zu, dass Homosexualität im HipHop noch immer ein nicht gänzlich akzeptiertes Thema ist.[59] Darüber hinaus spielt die Rapperin zumindest in ihrer Darstellungsform mit den bestehenden Genderverhältnissen. Anstatt die weibliche Form *Queen* für sich zu beanspruchen, bezeichnet sie sich in Textzeilen ihres Liedes *Moment 4 Life* als *King*. Außerdem macht sie Gebrauch von diversen *Alter Egos* und schlüpft theatralisch in verschiedene Rollen. Unter ihren dargestellten Charakteren befindet sich unter anderem der männliche Charakter *Roman Zolanski*, den Minaj erfunden hat, um sich in der männlich dominierten HipHop Szene Respekt zu verschaffen.[60] Gleichzeitig

---

58 Für nähere Ausführungen zu Queen Pens *Girlfriend*, siehe: Jamison, Laura. 1998. *A Feisty Female Rapper Breaks a Hip-Hop Taboo* . New York Times.

59 Vgl. Interview mit Nicki Minaj: Weiner, Jonah. 2010. Nicki Minaj: Hip-Hop's Hottest Sidekick Goes Solo. Details.

60 In einem Interview in der amerikanischen Talkshow Chelsea Lately! geht die Rapperin nähe auf ihre *Alter Egos* und auf die Figur des Roman Zolanski ein. Siehe: Nicki Minaj Interview On Chelsea Lately!

imitiert sie mit *Roman Zolanski* das Gebaren vieler *Gangsta Rapper* und verwendet auch einen anderen *Rapstil*, wenn sie als dieser Charakter auftritt. Bemerkenswert ist zudem, dass laut Nicki Minaj die Figur des *Roman Zolanski* homosexuell sein soll. Sie erfindet somit also die Figur des schwulen *Gangsta Rappers*. Optisch springt Nicki Minaj jedoch nicht in verschiedene Rollen und entspricht größtenteils dem weiblichen Schönheitsideal der HipHop Szene. Sie trägt figurbetonte Kleidung, ein stets geschminktes Gesicht und langhaarige, oft bunte Perücken. Außerdem ist sie bei dem Plattenlabel *Young Money Entertainment* unter Vertrag, das von dem *Gangsta Rapper* Lil Wayne geleitet wird. Minaj wird von diesem Label als neue Ikone in der HipHop Szene vermarktet (Vgl. Akua Naru, Interview) und ist als Gastrapperin auf diversen HipHop Liedern von *Gangsta* und *Pimp Rappern* zu hören. Somit unterstützt sie auch misogyne Inhalte. Dies führt zu der Interpretation, dass durch eine Bisexualität, gepaart mit ihrem zum Teil aufreizenden Auftreten, Nicki Minajs Interesse durch die HipHop Szene gesteigert wird, da sie somit die sexuellen Fantasien heterosexueller Männer doppelt erfüllt. Würde sie sich als vollwertige Homosexuelle bekennen, würde ihr Erfolg eventuell nicht so groß sein, da sich heterosexuelle Männer nicht mehr von Minajs sexuellen Äußerungen in ihren Texten und von ihrer Optik angesprochenen fühlen könnten. Die Bisexualität könnte somit als eine weitere Marketingstrategie gesehen werden, den Erfolg Minajs noch zu erhöhen. Trotzdem lässt sich durch das Einsetzen der Alter Egos und der damit verbundenen Parodien der Rapszene ein erster Ansatz entgegen den gängigen Verhältnisse deuten.

Queen Mother

Laut Cheryl L. Keyes Kategorisierung, werden Rapperinnen als *Queen Mother* bezeichnet, die auf einen ausgeprägten Bezug zu ihrer ursprünglich afrikanischen Herkunft Wert legen.[61] Dies zeigt sich optisch zum Teil in ihrer Kleidung, die oftmals große Ähnlichkeit mit traditionellen, afrikanischen Trachten aufweist. In ihren Raptexten plädieren sie vor allem auf ihre Intelligenz und Selbstbestimmtheit. „Their rhymes embrace Black female empowerment and spirituality, making clear their self-identification as Africa, woman, warrior, priestess, and queen." (Keyes 2006: 266) Ähnlich wie bei den *Fly Girls* und *Sistas with Attitude* geht es auch hier um eine gewisse Unabhängigkeit und Abgrenzung von einer männlichen Dominanz. Darüber hinaus soll sich die Unabhängigkeit, die diese Rapperinnen ausstrahlen klar gegen die gängigen Klischees stellen, die beispielsweise in Form der *bad black women* auf Frauen der Arbeiterklasse haftet (Vgl. Collins 2005: 133). Entgegen den Selbstdefinitionen der anderen Kategorien sprechen sich Rapperinnen der *Queen Mother* Kategorie zudem größtenteils gegen den negativ bestückten Begriff *bitch* als Bezeichnung für sich und für Frauen im Allgemeinen aus. Auch andere, Frauen degradierende Begriffe werden von ihnen abgelehnt und sie setzen sich ein gegen eine männliche Unterdrückung. Eine der bekanntesten Vertreterinnen der *Queen Mothers* ist Rapperin und mittlerweile auch Schauspielerin Queen Latifah. Von Anbeginn ihrer Karriere setzte sie sich vor allem gegen die Ignoranz und Marginalisierung ein, die nicht nur Frauen im HipHop entgegen kam, sondern auch weiblichen Rapperinnen (Vgl. Rose 2004: 291). Im Jahr 1989 erschien ihr Lied *Ladies First*, das als Meilenstein für weibliche Rapmusik bezeichnet werden kann (Vgl. Rose 2004: 300). Mit Textzeilen

---

61 Der Begriff „Queen Mother" soll auf das 16. Jahrhundert zurückzuführen sein. Damals soll Oba Esigies, ein König von Benin, seiner Mutter zu Ehren eine Bronzefigur anfertigen lassen haben. Schon durch die Geburt und Erziehung eines Königs verfügte seine Mutter durch herausragende Privilegien. Durch die Ehrung ihres Sohnes gingen königliche Mütter in die afrikanische Geschichte ein und erhielten einen besonderen Status in der Gesellschaft. (Vg. Keyes S. 266 ff.).

wie „Some think that we can't flow, stereotypes they got to go" (Queen latifah, *Ladies First*, 1989, Tommy Boy Music) kämpft sie gegen eine Stereotypisierung als unfähige Rapperin. Darüber hinaus steht sie für die Unabhängigkeit und Stärke afroamerikanischer Frauen ein und macht dabei auch darauf aufmerksam, dass Frauen als Mütter für die Geburt von neuen Generationen verantwortlich sind. Allein dafür gebühre ihnen eine Vormachtstellung, die durch den Titel *Ladies First* ausgedrückt wird. Dies alles tut Queen Latifah jedoch, ohne den schwarzen Mann in ihrem Text anzugreifen, zu parodieren oder zu imitieren (Vgl. Rose 200: 300). Im Jahr 1994 wurde Queen Latifah für ihr Lied *U.N.I.T.Y* mit drei Auszeichnungen gekürt[62]. Mit Textzeilen wie: „Everytime I hear a brother call girl a bitch or a hoe [...] You know all of that gots to go" (Queen Latifah,*U.N.I.T.Y, 1993,* Motown) spricht sie sich in der ersten Strophe des Liedes eindeutig gegen die Degradierung der Schwarzen Frau als *bitch*[63] und als Sexualobjekt aus. Für einen sexuell belästigendes Griff an ihr Gesäß wird ein Mann am Ende der Strophe sogar mit einem tödlichen Schlag ins Gesicht bestraft. In der zweiten Strophe rappt die Rapperin gegen häusliche Gewalt und gibt Frauen, die darunter leiden unter anderen mit den Textzeilen „A man don't really love you if he hits ya" den Hinweis, sich dies nicht gefallen zu lassen. In der dritten Strophe wendet Latifah sich besonderes gegen junge schwarze Frauen, die sich selbst als *Gangsta bitches* oder *bad girls* bezeichnen und die männlichen Negativkonstruktionen für sich annehmen,

62 Queen Latifah wurde mit dem Grammy, den NAACP (*National Association for the Advancement of Colored People*) Image Award und dem Soul Train Music Award ausgezeichnet (Vgl. Collins 2005: 130).

63 Mit den Textzeilen „Now everybody knows there's exceptions to this rule, now don't be getting mad, when we playing, it's cool" macht sie darauf aufmerksam, dass Schwarze Frauen sich untereinander, wertneutral *bitch* nennen dürfen. Vergleichbar mit dem Wort *nigger* ist dies jedoch nur unter Frauen erlaubt.

um dadurch Ansehen durch die männliche Dominanz zu erlangen. Indem sie sich der Kriminalität dieser männlichen Crews anschlössen, gingen sie die Gefahr ein erschossen oder verletzt zu werden, was keinesfalls dem Bild der *down ass bitch* entspricht, das sie verkörpern wollen (Vgl. Pough 2004: 90). Queen Latifah stellt sich somit also klar gegen die Repräsentationsform die den *Sistas with Attitude* zugeschrieben wird. Im Refrain des Liedes: "U.N.I.T.Y.,that's a unity, you gotta let him know, love a black man from infinity to infinity [...] Love a black woman from [...] infinity to infinity, you ain't a bitch or a ho" buchstabiert die Rapperin das englische Wort für *Einheit* und rappt von der Liebe die sowohl schwarze Männer als auch Frauen füreinander haben sollen. Dies kann als klarer Bezug zur von Joan Morgan angesprochenen *intra-racial loyalty* interpretiert werden. Durch den Stropheninhalt von *U.N.I.T.I.Y.* macht Queen Latifah jedoch klar, dass dieser Zusammenhalt nicht durch die Unterdrückung der Frau durch männliche Dominanz geschehen kann. Andererseits jedoch auch nicht dadurch, dass sich Frauen dieser Unterdrückung fügen. Eine Einheit kann demzufolge nur durch gegenseitigen Respekt sinnvoll entstehen.

Diskussion

Genauso wie bei den männlichen Rappern, gibt es auch bei den Rapperinnen verschiedene Repräsentationsformen. Viele Rapperinnen bezeichnen sich in ihren Texten als *Fly Girl, Queen* oder *Sista with Attitude* und passen durch ihr Auftreten und ihre Grundsätze in die von Cheryl L. Keyes aufgestellten, vier Repräsentationskategorien hinein. Zum einen schaffen es die Rapperinnen sich mit ihren Darstellungsweisen dem Druck des Patriarchats zu widersetzen und eine Selbstverwirklichung zu erlangen. Zum anderen fügen sie sich jedoch den gängigen Genderkonstruktionen oder setzen *Fly Girl, Queen, Sista with Attitude* oder *Lesbian* bzw. *Bisexual* unter anderem als Marketingstrategien ein, um ihren

Erfolg zu steigern (Akua Naru, Interview). Cheryl L. Keyes Kategorisierungen beziehen sich jedoch vor allem auf die 90ger und auf den Anfang der 00er Jahre, in der diese speziellen Formen von Rapperinnen gerade erst entstanden waren. Heutzutage gibt es in der HipHop Szene aber auch Rapperinnen, die sich nicht unmittelbar in einer dieser Kategorien verankert fühlen. Es stellt sich deshalb die Frage, inwiefern auf eine solche Kategorisierung innerhalb der HipHop Szene Verlass ist und ob sie nicht unlängst erneut zu sozialen Genderkonstruktionen geworden sind. Zwar schreibt Keyes, dass die Rapperinnen auch in mehr als nur einer Kategorie zugehörig sein können, die Rapperin Akua Naru aber, sieht sich in erste Linie als *Poet* und möchte ihrer Poesie durch HipHop Ausdruck verleihen (ebd.). Auch die bereits erwähnte Nicki Minaj passt, obwohl sie sich zur Bisexualität bekannt hat, eigentlich in keine der von Keyes genannten Kategorien und wird unter anderem als „beyond HipHop " (ebd.) bezeichnet. Um kategorisiert zu werden, müssten Keyes Einteilungen in der gegenwärtigen HipHop Szene um einige erweitert werden.

Diverse Rapperinnen wollen ihre Botschaften mittlerweile jedoch frei von jeglichen Kategorien verbreiten und die gewohnten Erwartungen an sie sprengen. Es lässt sich interpretieren, dass indem eine Rapperin heute die Handlungsmuster der *Sista with Attitude* neu für sich annimmt, sie genau die Erwartungen an die dementsprechende Kategorie erfüllt. Sie fügt sich somit der Rolle einer *Sista with Attitude* und erfüllt gleichzeitig ein bereits bekanntes Genderkonzept. Weiter besteht eine ursprüngliche Grundidee weiblicher Rapperinnen darin, sich der männlichen Unterdrückung der *Gangsta Rapper* zu widersetzen. Für die Erfüllung dieses Ziels könnte man einen gewissen Zusammenhalt unter weiblichen Rapperinnen erwarten. Einige Rapperinnen, vor allem innerhalb der *Fly Girl* und *Sista with Attitude* Kategorien, sind jedoch nicht gut aufeinander zu sprechen und bekämpfen sich gegenseitig in sogenannten *beefs* und *bitchfights* (siehe Glossar). Somit wollen sie nicht nur den Männern sondern auch sich gegenseitigen Respekt abverlangen.[64] Rapperinnen wie Queen Latifah verfolgen eine andere Strategie und können eher als Vorbilder für einen erfolgreichen Kampf weiblicher Rapperinnen gegen die Hegemonie des Patriarchats gesehen werden. Aber auch durch Neuerfindungen oder eine Loslösung der eingespielten Muster lassen sich gängige Genderkonstruktionen umgehen. Ungeachtet der Kritik an einigen der beschriebenen Repräsentationsformen von Rapperinnen, haben alle einen wichtigen Beitrag für die US-amerikanische HipHop Szene geleistet (Akua Naru, Interview). Genauso, wie sich die HipHop Kultur selbst als Widerstandsform gegen Unterdrückung und Ausgrenzung entwickelt hat, so leisten auch weibliche Rapperinnen Widerstand innerhalb dieser Kultur, auch wenn sie unterschiedliche Ausdrucksformen verwenden (Vgl. Rose 1994: 146).

Schlussfolgerung

Die identitären Achsen *race, class* und *gender* spielen eine maßgebliche Rolle für die Repräsentationsformen von Weiblichkeit schwarzer Frauen im US-amerikanischen HipHop . Bereits zur Zeit der amerikanischen Sklaverei oblagen vornehmlich Sklavinnen dem Stereotyp der sexuell verfügbaren *Jezebel* und sie wurden von einer durch Exotismus und Rassismus geprägten Sichtweise betrachtet. Noch heute sollen vor allem schwarze Frauen der amerikanischen Arbeiterklasse nicht gänzlich von diesen Vorurteilen befreit sein und als *bad black women* angesehen werden. Genau wie die Sklavinnen litten gleichzeitig auch die männlichen Sklaven unter dem Rassismus und der Unfähigkeit etwas gegen die bestehenden Verhältnisse zu tun. Außerdem wurde ihnen ein Patriarchat als männliches Rollenkonzept vorgelebt, das sie

64 Vor allem Rapperinnen Lil Kim und Foxy Brown sind für ihre andauernden *beefs* bekannt.

als schwarze Sklaven jedoch selbst nicht ausüben konnten. Dies hatte ein Gefühl von Entmännlichung und eine damit verbundene Aggressivität zur Folge.

Nachdem sich die HipHop Kultur als Widerstandsform, unter anderem gegen eine Abgrenzung in die untere Gesellschaftsschicht und gegen rassistische Vorurteile entwickelt hatte, entstand innerhalb dieser Kultur unter anderem die Strömung des *Gangsta Rap*. Dieser entwickelte sich schnell zum kommerziell erfolgreichsten HipHop Genre und spiegelt bis heute das Rollenkonzept des Patriarchats wider. Die Frau nimmt eine dem Mann untergeordnete Rolle ein. Männliche Dominanz wird durch *Gangsta Rapper* verkörpert, die Frauen mit Begriffen wie *bitch* oder *hoochie mama* beleidigen, gewaltverherrlichende und frauenfeindliche Raptexte rappen und in ihren Musikvideos Frauen auf ihre Körper reduzieren. Widersetzt sich eine Frau dieser Dominanz, schrecken diese Rapper auch nicht vor Gewalt als adäquates Züchtigungsmittel zurück. Somit gleichen sie den ehemaligen Sklavenhaltern und üben deren patriarchale Werte aus. Frauen etablieren sich innerhalb dieser Szene zumeist, indem sie dem Bild der *idealen Frau* der Rapper entsprechen. Dafür müssen sie sich sexuell freizügig geben und dem Rapper Loyalität und Respekt entgegenbringen. Außerdem herrscht Homophobie in dieser HipHop Szene, die es homosexuellen Rapperinnen und Rappern schwer macht zu ihrer sexuellen Neigung zu stehen.

Diese Normenkonstruktion stößt, in Form zahlreicher Proteste und Kritiken nicht nur außerhalb der HipHop Kultur auf Widerstand. Vor allem weibliche Rapperinnen versuchen sich gegen die Unterdrückung zu wehren und haben unterschiedliche Methoden entwickelt, eine Unabhängigkeit und Selbstbestimmtheit zu erlangen. Dies gelingt ihnen jedoch nur teilweise, da einige durch ihr Auftreten immer noch dem sexuellen *Idealbild* der Rapper entsprechen und sich nicht von der männlichen Rapszene trennen können. Dieses Verhalten kann wiederum auf die gemeinsame, durch die Sklaverei geprägte, rassistische Vorgeschichte übertragen werden. Durch eine gewisse Loyalität fällt vielen afroamerikanischen Frauen in der HipHop Szene die klare Loslösung von den afroamerikanischen Männern schwer, auch wenn sie eigentlich gegen die patriarchalen Vorstellungsmuster einstehen. Es gibt aber auch Rapperinnen die eigenständige und unabhängige Repräsentationsformen entwickelt haben. Bis heute erfinden immer mehr Rapperinnen neue Repräsentationsformen und stellen sich damit gegen eine männliche Dominanz. Somit können auch als Vorbilder für weibliche HipHop Anhängerinnen betrachtet werden, die keine Rapperinnen sind oder der unteren Gesellschaftsschicht angehören.[65] Es wird nicht mehr auf eine weibliche Loyalität dem Mann gegenüber wert gelegt, sondern auf eine Einheit, die auf gegenseitigem Respekt beruht. Diese Einheit soll nicht nur zwischen männlichen und weiblichen HipHop pern bestehen. Sie stellt sich gegen jegliche Form der *beefs* im HipHop . Eine gewisse *race*-Konstruktion wird somit zwar nicht umgangen, da sich die Einheit auf die afroamerikanischen HipHop Anhänger bezieht und Weiße somit ausschließt. Genderkonstruktionen können durch die Unabhängigkeit vieler Rapperinnen aber umgangen werden und auch das Stereotyp, das auf afroamerikanischen Frauen der niedrigen Gesellschaftsklassen liegt.

Die Repräsentationsformen von Weiblichkeit im US-amerikanischen HipHop sind geprägt durch die Stereotypisierungen, die mit den identitären Achsen *race, class* und *gender* einhergehen. Als ursprüngliche Widerstandskultur gegen eben solche Stereotype hat der US-amerikanische HipHop Eigenschaften dieser Stereotypisierungen als Normen für sich übernommen. Dadurch erhält die Frau inner-

65 Besonders für Videogirls oder diejenigen, der afroamerikanischen Mädchen, die genauso sein wollen können die neuen Repräsentationsformen als Vorbilder gelten.

halb dieser Kultur eine untergeordnete Position und entspricht in ihrer Repräsentationsform zumeist den männlichen Vorstellungen. Konträr dazu versuchen sich vor allem Rapperinnen durch unterschiedliche Repräsentationsform auf diesem machtbasierten Terrain durchzusetzen und gegen gängige Stereotypisierungen anzukämpfen.

Interview mit Rapperin Akua Naru vom 02.02.2011, Köln. (Transkript)

In many Hip Hop lyrics women are called bitches/ hoochie mamas by men. Why do you think this is so widespread in Hip Hop?

It's difficult to answer that question. Firstly we live in a sexist, patriarchal context. So I mean there are images and messages that hate women every single day. If you really analyze it and if we think about it you can find it expressed in every genre. You find it in Hip Hip you find it in religion I mean we are the women you know. So that's pretty clear, that's evident just an overall culture. And that's historic. Its not like we just woke up in 2011 and we decided with Angela Merkel that we have a Bundeskanzlerin and now sexism doesn't exist. For I think in Hip Hop I mean, well you know that Hip Hop has – I mean it's a question also about African American Culture. Black Youth Culture. And it's a very difficult question to answer. I mean I think that some of it comes out of – some of it comes from a lot of shifts and changes that's existed within Back culture within the Civil Rights movement. I would have to lead a whole lecture to explain that- But I mean in terms of economic opportunities crack and cocaine I think it has a lot to do with a lot of shifts that have occurred since the Black Power Movement. But also I think, I mean to a certain extend there are a lot of things like it makes money. You know, if you call women bitches and hoes and you have women being objectified in videos. I mean it's gonna sell to some reason. The people who buy the music love that women are being disrespected. I think that they are some men that actually feel that they're not disrespecting women because they don't have to be responsible because it's like oh I'm talking about these bitches and these hoes but I'm not talking about you. And there are a lot of women that are like yeah well he's not talking about me he's talking about these women. I think it's a difficult question because there are a lot of things that overlap.

There are two Categories: First The kind to take home to mother and second The kind to meet at three o'clock in the morning. What do think about these contradictions?

I agree. Tricia Rose is really on point with a lot of things that she said, especially her newest book which is called "The Hip Hop wars" what we talk about when we talk about Hip Hop. I mean it's true but I don't think that this contradiction only exist within Hip Hop. I think that Hip Hop is just a very extreme in your face confrontational expression. I think if we would go to the concert on saturday night probably at Club Bahnhof Ehrenfeld and really get inside the heads of a lot of men there that are interested in - you know I think that a lot of – not all there are some people who think critically about themselves and want to be aware. But if we really think about it and we are really honest with ourselves we all do this. Not only men. Women we think the same way. We talk negatively about other women by calling this woman a whore or whatever. So we are all like being subjective to the same standards. You know what I mean? And I think like it's true. Like Tupac did have a song like "I never call you bitch again" and then he had another song "you wonder why I call you bitch" I mean – but the question is – what happened in a culture where a few decades before you never heard this kind of language being publicly expressed. And now its just cool to say oh you're a bitch or a hoe. Why is it ok to demean another human being especially when Black women, specifically Black women have been the one who have been – Black women we have been the ones that have supported the community that have – established the strength the survival. You know even have worked to – toward hope. Black grandmother black mothers. Sisters when Black men where put in prison. It's a very weird and very difficult space to navigate because it's very contradictory. You know? On one hand you got all the sisters and all the mothers doing as much as they can to be supportive – and then these men say I'm not disrespecting these women. I'm talking about these other random women over here who are acting as bitches and hoes.

What do you think about women that are calling themselves bitches? Lil Kim for example?

But there are a lot of people that have have argued for that same case for example with the word nigger. It's like actually if this man here would have said nigger to be honest I would be very angry and I would beat him up. - No but I mean some people think it is ok because they hear it expressed in hip hop music. - They are not intending to be hurtful but they say it like yo wassup nigga in my opinion they still don't have the right

And if a black man would call you nigger?

Its different, totally different because this is an issue we have within our community.

And, for example, if a guy from turkey or russia...?

No still. I can understand where they get it from because of the music but them people still have to be informed and understand that you still don't have the right to walk on this terrain. But some people argue by Black people using the word nigger that we take the pain out of the word and we empower to appropriating a different meaning. Personally I don't use the word.

It's the same thing with Lil Kim calling herself bitch? If someone else would call her bitch she would be offended but if she calls herself bitch it takes the pain out of the word.

Of course. Its just like Queen Latifah said: "don't be getting mad, when we playing, it's cool. But don't you be calling out my name" (U.N.I.T.Y. - Queen Latifah) it's the same. Latifah said it beautifully "who you calling bitch? U.N.I.T.Y. Love a Black woman from infinity to infinity. So I mean some people have used that same argument – to try to understand why Black people, why we call ourselves nigger. Like the whole conundrum around this word. - I don't know, I don't use the word to refer to myself. I used to, to be honest. I grew up in a community where it was ok to refer to yourself as a bitch or a hoe in friends. Like oh that's my bitch we're cool. And at the time that I was saying this word – I didn't mean to disrespect my friends. Like I thought I was being cool. But then I had to be conscious and said wait a minute if that's the case why can't I use another word instead of saying bitch that has a different charge attached to it. So I think there are women like Trina calls herself the Bad Ass Bitch, I heard songs where Lil Kim and Foxy refer to themselves as bitches. I can't attack them for the choices that they make but I just personally chose not to use the word and I can understand why they use the word because I've done it in the past until I became critical an decided not to use it.

Do you support female MC's like Queen Latifah more than female MC's like Lil Kim?

Queen Latifah she is like the Oprah of hip hop so I will go to see her in a movie now. She ist hip hop and beyond. I can't say to be honest Foxy Brown like Lil Kim when the album came out hardcore 15 years ago I caught the bus to buy the tape. I bought the tape and I was like "wha wha you gotta going on" (Lil Kim – Big Momma Thang) you know I was really into it. - I can't say specifically because you know I can't say ok I don't support these female artists: I just support artists – I like to see women in hip hop but at the same time if you are a woman and I can't relate to the music I'm not gonna support it whether your a man or a woman or whatever. You can be a butterfly when I don't relate to the music then – personally for me I'm more into the old common stuff like The Roots, Talib Kweli, Blackalicious, Blitz the Ambassador, of course who doesn't love Lauryn Hill I mean everyone is a fan of Lauryn Hill. But to be honest if you think about this Talib Kweli Camp?? there was never really – I an't think of a female artist that vame out of this tradition. If you think about it like this. Of course there where artists like Gene Gray – I support as much as I can but if I can't relate to the content with Trina for Example. I appreciate that there is a woman there, but that doesn't mean I relate. Because I can't relate I'm not gonna support it. Because I don't feel that I'm the Bad Ass Bitch. I'm not a Bitch so I can't listen to the record and support that. I'm a very critical minded person and I see a lot of problems in the images and in the story that's being told. So I can't support it you know.

You support the content and not the way the woman presents herself. Women like Lil Kim present themselves in a very sexual way. You don't care about that? Do you care more about their lyrics?

For me it goes hand in hand doesn't it? I mean if you thin about it, Lil Kim is important to Hip Hop because she changed female representation. Nobody was like Lil Kim. Whe she came with "Hardcore" and with her legs spread open there was never a hip hop image, female hip hop representation in this direction. After Lil Kim you have Foxy, even Eve was in this direction, Da Brat came back it was very sexualized. Trina, Remy Ma. Now Nicki Minaj. I mean, noone went back to the images before – I hear Lil Kim she is always in the news saying Nicky (Minaj) she better gimme my respect, I want m respect. To a certain extend she was like the mother of all of these representations. Like Nicki Minaj might wanna give her that respect because Lil Kim sort of challenged female representation in hip hop. For me, again I'm a very critical person. I try to be as critical and aware as possible. I have to inquire and ask questions. So I can't say that it is only about the text, and not about the representation. I can't say that I'm against women who have to be overly sexual. I can't say that I'm for or against it. I can just say that I ask questions, and there are some things I cannot agree with because of the history and because of the social and political historical context. You have to analyze that. When you see Black women represented in a certain way in 1996 you can not view that outside of the historical representations of Black women [?] over the past centuries – For me, I study history. I can't look at people like Lil Kim and not compare that to images of Black women over time.

Do you think both sides of representation are important for female representation in hip hop? Eg. On one side how Lil Kim represents herself and on the other side how Lauryn Hill represents herself?

I think women should be able to represent themselves but the real question is what images gonna make the most money. I think the question is not does Lil Kim really wants to wear this or is it that there is a domain for naked women and for hypersexual female images. So I don't know the answer to that question because I think that sex sells an I feel like when it becomes more about the representation, the physical representation and less about what the person is being saying – then I think that's unfortunate because I think that's a specific female struggle. Because for men artists it's like you can come out and you are like this and that's cool. You know what I mean? Nobody is saying take your clothes off, we wanna see more. So I mean Lil Kim was the first female rapper to go platinum. But she was also the first to – so I mean there are a lot of things, I just think it is really about business and what's gonna make the most money and the representation is gonna be tailored around how we can market it and how we can sell it and its always gonna be the case that you get some naked women to sell a glass of water. People gonna buy this water over the one . You know what I mean?

If you take a look at Lady Gaga or Nicki Minaj you realize that – nowadays you have to really wear a mask to be interesting, It is based on the character not on the music, I think.

Of course. But this is not new, look at Madonna. [...] Like Lady Gaga nobody would wear that on a Friday night, at home watching television. That's not real but it's ok because it's not a question of the people it's a question of why we, the people want to believe that that is real. Why do we want to support it, you know?

What do you think about the objectification of women and the sexist representations?

I hate it, you know? I hate it. But then again like I said you have to look at it as a historian. When you see – it's important also to see you got Black women in these videos being exploited. Although they might think that this is their decision to do it but we have a history of exploitation. So most people look at the video and say I don't have to think anything about it, it's not that deep. But it is deep. We have to be critical, we have historial – we inherited the ugliness of history. And you can't just think that for example just by us having a conversation that all these factors, the factors I'm a Black woman, the fact that I'm from the States, the fact that I have natural hair, the fact that I make Hip Hop music like all these things can be dissected and all of these things have a whole story attached to them which which informs how you think, how you perceive and how you interact with me. And these things have to be taken into consideration every minute of the day. It's a lot, but – you know what I mean? I don't know. I don't agree with it I don't even watch these videos. I saw one that came out a couple of years ago that came out whit Nelly the rapper and he slid a credit card down a womans -

It was "Tip Drill"

Tip Drill! It saddens me. It's really, really seriously unfortunate and I'm really happy that the woman in Atlanta, I think it was at Spellman College I'm happy that they stood up and tried to hold him responsible. And it's unfortunate that he was too afraid to engage in a conversation, you know? But yeah I think that this is sad you know.

Dolores Tucker was one activist who really fought against these representations of women. Do you support activists like that?

I don't know at the time we see Dolores Tucker, I don't know so much about her but I know that she had a problem with Tupac and this whole thing. I would have to know more about her in order to give a comment [...] But I think people have the right like you exist within Hip Hop culture [...] like if you got beef, if you got a problem you have the right just like any other human being to raise questions. IF you feel impassioned about something that is wrong and not represented in the right way you have the right to have beef. Like you have the right to have a problem with it and to ask questions. And as an artist like you habe to understand also there are people that might wanna hold you accountable. And you have to be able to try to answer those questions. I mean when I write I try to think about – I mean I write because I mean sometimes I know for example that there Is a song that is very important to me and might be political. There are people who think the total opposite. What I'm passionate about some people might hate. And they might be just as passionate against what my views are. But I feel passionate about them and I welcome you. If you have a problem to write a song about how much you hate my song or invite me and have a conversation with me and express your oncerns. I think as an artist, as a human being you have to be able to answer questions, you know. I dont have a problem with activists, like activists these are the people that fought for us to be who we are today. You know, it just depends on what side you are fighting for.

Do you think that it is right that they are fighting against these representations of women?

I think that we need to fight against sexism on a higher level. Like I understand that there is a lot of sexism [...] misogynistic , there is a lot of horrible [...] stuff going on in Hip Hop. [...] I don't know, I feel like that Hip Hop is just a small expression of what is going on in the larger society. And I think if those people want to do that who am I to tell them no. But I think that we as people of the world really should stand up and say we want to draw an end to certain things like racism, like sexism. I think that it will never be that it will stop in Hip Hop because how can it stop in Hip Hop or in Rock and Roll or in Country if we are not critically analyzing and work into change it in the media, and religion, and education in every institution at war, in sports in every institution that we are existing as human beings. Hip Hop is just a very small microcosm.

Hip Hop artists shouldn't be held accountable [...] its easy to point the finger and black people we have a history of being targeted anyway. Your the problem [...] your the criminal, your the sexist, your the misogynist. Lets really critically analyze the patriarchal society in which we live. If we really gonna keep it real, lets keep ship real and lets really attack expressions of sexism in every area of our life. Then it will easily be diminished, it will totally [?] from Hip Hop because it wouldn't exist anywhere else. And I don't believe that that's even possible.

Do you think that female rappers are ignored and marginalized in Hip Hop?

Of course. I mean Hip Hop is very male dominated. That's clear. Even the study of Hip Hop – I study Hip Hop as well – even if you read Hip Hop scholarship, like the books that you read don't really highlight women as contributors to the history of Hip Hop. If you read the history of Hip Hop you might read about African Bambaata and this happened but there are no women there. I think I don't feel that women have been supported, but then again Hip Hop has evolved to be a music that's [...] centers around what the person has to say. I think we live in a society that teaches us that we don't really care about women's voices. And you put a Black woman on top of that – unless it's Oprah. Like if Oprah put on a track and she trying to do , Jay Z or somebody produces some beats and Operah starts rapping, I think that might be the only Black woman in the world that might go like diamond. People are like we wanna support her and what she has to say. I just don't feel like, I don't know for a number of reasons. Again people don't support female voices. People are afraid for whatever reason. I feel like then maybe record companies [...] didn't support certain female artists because they didn't sell. Then the question is why do we not support those women also because maybe they wanna take them seriously. I mean for a number of reasons they where not supported but I think the answer to that question is the answer of why women are not in the highest position of power. [...] gender

because women are not being supported. We don't have much support for womens voices and I think that exists in Hip Hop just like everywhere else. But I think if Oprah came out with an album she would go Platinum in ten minutes. Seriously. […] She's a black woman and people are not afraid to hear what she says. Some people are also critical about that.

Do you think that successful female rappers like Lil Kim are the exception?

I mean Lil Kim is very successful. If you look at the history of Hip Hop, and I study the history of women in Hip Hop in particular. I can tell you: In the 80's we had people like Queen Latifah, we had Roxanne Shante, Sweet T, Salt n Pepa, the real Roxanne. The thing is first of all whenever a woman came into Hip Hop we always been compared. And we have to compete against each other. So there has never been a real sisterhood in Hip Hop. That's number one, ever. And I can tell you […] even now you got Nicki Minaj beefing with Lil Kim and I heard Foxy just came out with an album trying to go hard against Lil Kim. For what? You know why can't we be sisters in the game. That's one thing. Secondly Da Brat was the first female artist to go gold with "Funk the Fight". That was about '94. So this is like the era of Biggie. Then you had '96 Lil Kim went Platinum with "Hardcore" then you had Foxy went Platinum, Lil Kim went Double Platinum and after that you had Eve with her album […] she went Platinum and the Lauryn Hill went Platinum. 8 times Platinum or something ridiculous like that, which was well deserving it. So we had a window, a historical window from like '96 to '98. Two years where you saw the viable success, potential of women artists to make a lot of money. I mean if you think about it […] when did male artists really started to go Platinum in Hip Hop? I don't know if Run DMC went Platinum. I thought Platinum was something from the '90s. Gold used to be the status. If you went gold that was like some big shit. […]

Lil Kim […] I think that hardcore was her most successful album. But then again she was with Biggie. And Biggie was the hottest, if you are associated with Biggie you would win

Platinum too probably. And he was right in her Lyrics at the same time.

Today Nicki Minaj ist with Lil Wayne

And they marked her like Lady Gaga, her marketing people are brilliant. She's like a little bit more than Hip Hop and I predict Nicki Minaj in two weeks is gonna be even beyond Hip Hop. She is beyond Hip Hop I think.

You are also a female MC, a poet and also followed an academic career. What inspired you to become a female MC?

I grew up on Hip Hop. Like in my community everybody was rapping. Either you was singing or rapping, you could do the snake or something it was natural. I come from a very musical background, went to church every Sunday. [...] I was a poet. I think talent Is something you're born with and I really honestly think I was born to write poetry. So when I was very young I've always written, I always wrote little poems and they would rhyme naturally. That was the time when you thought a poem has to rhyme. Roses are red, violets are blue, I love you. So its like I would just write poems and they would rhyme. And then it was just like a natural progression. I saw other people rapping like Roxanne Shante, Queen Latifah so I was like I could do this too. So I started just rapping those poems. And then I grew up in a family when my mom was like kill that shit. Like you gonna write these rhymes let's go to church on Sunday and rap about Jesus and let's get the party started at church. So I just write a rap like 'If you love Jesus say ah' and the people would be like ah. I don't know I've done it since I was probably six or seven years old and I don't even think at six or seven I was really conscious of it. It's just like I don't know I was just always doing it. [...]

„For those of you waiting for Hip Hop shes here" are some of the lyrics in „The Backflip". Can you explain that?

You know I gotta represent for my sisters. Lie this is a time when, no I gotta represent for my sisters. I know that a lot of people often say Hip Hop is dead or whats going on with Hip Hop. SO I just wanted to play with words to say she is here because why Hip Hop has to be male. I'm Hip Hop so are you like we are I know all of my friends like […] My sisters. We all love Hip Hop, we all grew up on Hip Hop why should Hip Hop be male. So I want to say she is here because I felt like people would pick that up cause that's honestly in my heart how I feel and and I want to represent for my sisters in the world.

Can you say something about your Track „The world is listening"?

That song I wrote with an intention. […] often I have the challenge like I try to write the song like I wish was there. Like there are some songs I just wanna hear but they don't exist. So I write the song that I wanna hear because I feel like if I have the need to hear the song that's missing then I'm sure other people do, too. […] and I wanted to hear a song […] one day I was at Gutenbergerstraße […] and I was listening to this old Queen Latifah album "Black Rain" […] She has this one song where she was up there two guys featuring and she was killing it. And I was just like I had to listen to Queen Latifah cause I know today Queen Latifah is like I said the Oprah of Hip Hop. She's on TV and Maybelline and everything. But something told me just get this old Latifah album from 92 93 and just listen. And I was listening and I was like she killed it. And I just kept thinking […] she had a part where was just the beat and I kept hearing this is for Latifah. And I thought you know what, why don't I write a song – she killed it […] like these women contributed so much and that has been almost bee wiped off the record. Like nobody is really paying respect for how much they contributed to Hip Hop. [...] Of course there are male artists that I identify with and that I love to this day. But I grew up seeing many of them as models. So I wanted to write a song because that song didn't exist so I just told my story like in the first verse I talked about growing up in the 80's, in the second verse in the 90's and then in the third verse of the first decade of the millenium. And I just told a story of how I was influenced by these artists. And I called it the world is listening because I felt like ok now it' time like the world is listening. We wanna hear and we wanna support female voice in Hip Hop and I thought – I didn't think about how other people would respond to it because when I write I write to fulfill my need first. But after we recorded it and I put it out there like the response that I got I felt that other people really did appreciate it because there where people that wanted to her a song like that and now its there. So I don't have to complain[...]

Can you tell me something about the circumstances of Black women raising their children on their own in America?

Its very common single mothers. Not to deny that there are mothers and fathers or there are families where fathers raising their children. I'm not trying to deny that but from my experience I was raised in a single parent household my mother took care of us. I'm the oldest of three [...] and I know that it was very difficult for her. I know for many of her friends that was the situation and for most of my friends that was the situation. So I'm only writing from my experience. And its sad. But I wanted to write a song that really just honored my mother because she never went away. My mother was always there and because of who she is I am who I am. And I felt like I writing it and sharing although it's personal, although I'm telling a lot about myself but it's not about me it's about the fact that actually the song might reach other people. And I've received messages from mothers who said – some people even said that this is the woman's version of

"Dear Mama" which I felt to be really, really sweet and a great honor. [...] some women wrote me for example that they could really relate to the song because it was a woman who wrote it. Because it was coming from a female perspective they really appreciated that. So I mean. Above all of that my mother heard the song and my mother was like so, my mom is crazy. She's like my biggest fan. [...] my mother loves Hip Hop and it was a honor for her and I think that she said that this is her alarm now. Every morning she wakes up it like "single Black woman, mother of three" you know so, yeah [...]

What do you think of Patricia Hill Collins' „fit and unfit mothers"? Is it harder for Black women to raise their children than for White women?

I've never been a white woman nor my mother. But I mean statistics show that people who have White skin have certain privileges. And I believe that to be very true. [...] that's just a fact, you know? And I can imagine that [...] Black women, certainly Black working class women are being prevented from certain opportunities. [...] Like in the media there are lots of images that portray Black women as unfit mothers or crack mothers or uneducated or unintelligent or bitches and hoes in the Hip Hop videos or whatever. So you have to imagine that when these women like my mother for example when we compete for a job or we go to apply for something like the employers have all of these images, all negative thoughts inside their head of who they expect us to be. [...] but these prejudices are historical. These don't just come out of oh ok on MTV they played something last night. This is something we've been competing against for hundreds of years and this is not new. So I definitely agree. I think that there are a lot of injustices and I think that there are groups of people that are privileged [...] and I think it's very unfortunate.

There are four categories for female rappers. Do you see yourself in one of these categories?

I don't know. What category would you put me in? Sometimes I'm a fly girl, I mean I have an Attitude as a sister sometimes. Queen Mother, maybe they might put me – I don't know. You would have to go song by song. Queen mother, I guess thats the conscious sister like Ices from the X-Clan or Queen Latifah was considered the Queen mother. And the Queen mother was the non sexualized. My music is not very, ok there is – I don't know how sexy it is. It's hard […]

I'm a poet first. I wanted to like this in this Philadelphia soul tradition. The spoken word type. I can't say it's really Philly but I just wanted to do like a spoken word performance on the album. Like I'm a poet and Hip Hop is poetry.

Do you think that one should make categories like that?

I would have to call Cheryl L. Keyes to see in what category she would put me in. You know what I mean? [..] Am I a Queen mother or a sister with attitude or a fly girl […] the thing is the categories do make sense for people who are in academic scholarship, writing. Because you need to categorize things in order to work certain methodologies and to proof whatever your ideas are. […]

Ok I'm a Fly girl. […] I'm the Queen-sister, I cut the mother out, Queen sister fly girl – with attitude!

Isn't it boring for an artist to be put in categories?

Isn't it boring as a human being just a regular person. Like if you are a police officer then people are like who? Oh the police officer! I think it's whack to be placed in a box but people we do it because we have to for whatever reason we feel like we need to. […] When you put something in a category you can sell it easier. […]

Glossar

Beef
Streit, Problem oder Stress mit einer anderen Person (Vgl. Schmid 2001: 24).

Bitchfight
Intensiver Streit zwischen zwei Personen (Vgl. urbandictionary, Zugriff 19.04.2011). Vergleichbar mit dem Begriff beef.

Boo
„Liebste[r]; Freund[in]; Schatz, Baby [...]" (Schmid 2001: 33)

Breakdance
Akrobatischer Tanzstil (Vgl. Schmid 2001: 37), Element der Hip Hop Kultur.

Butt
„Hintern [...] (Schmid 2001: 43). Andere Begriffe dafür sind auch: ass, back, booty, bottom, butt, trunk

Chick
„[A]ltehrwürdige Bezeichnung für das Mädchen bzw. die Frau Mädel Tuss[i]; Braut, Tante [...] (Schmid 2001: 49).

Conscious Rapper
Ein Conscious Rapper drückt politische und gesellschaftliche Themen durch Rap aus. „[C]onscious – verantwortungsbewusst in politischer/ gesellschaftlicher Hinsicht" (Schmid 2001: 55). Conscious Rap: „Rap-Song mit Message" (Schmid 2001: 55).

Crack Mothers
Crack ist eine Droge. Den sogenannten crack mothers obliegt der Vorwurf der Drogensucht. Daraus soll resultieren, dass sie sich nicht ausreichend um ihre Kinder kümmern.

Diva
„[E]ine stattliche Frau; Wuchtbrumme (Muss nicht unbedingt eine Schönheit sein [...]" (Schmid 2001: 67).

DJing
Auflegen von Schallplatten und z.T. Nutzen des Plattenspielers als Musikinstrument durch verschiedene Techniken des Auflegens. DJ ist die Abkürzung für „Disc Jockey", Djing wird auch MCing genannt (MC = Master of Ceremony).

Dyke
Lesbierin; Lesbe

Faggot
Beleidigend: „Schwuler, Schwuchtel" (Schmid 2001: 75).

Gang
Gruppe oder Bande mit größtenteils kriminellen Mitgliedern (Vgl. urbandictionary.com, 19.4.2011)

Gangsta/ Gangster
„Mitglied einer Gang [...]" (Schmid 2001: 87). Krimineller.

Gangsta Rap
„[E]in Rapgenre, das sich unter dem Vorwand, Realität zu schildern in Phantasien von Kriminalität, Sex und Gewalt ergeht[...]" (Schmid 2001: 87).

Ghetto

Separater Stadtteil, indem vornehmlich Menschen gleicher oder ähnlicher ethnischer Abstammung und Hintergründe leben. Ghetoos sind meist überfüllt und verfügen über schlechte Wohnverhältnisse (Vgl. Hornby 2005: 651). Ursprungsghetto des Hip Hop war die South Bronx in New York City. Als katastrophale Folge einer städtischen „ Erneuerungspolitik", in der Teile der farbigen Bevölkerung New Yorks aus den verschiedensten Stadtgebieten in die South Bronx umgesiedelt wurden, entstand ein Wohngebiet, in dem die bis dahin existierenden Familien-und Freundschaftsstrukturen sowie die nachbarschaftlichen Beziehungen vernichtet waren. Die Flucht der Weißen und die Kürzungen städtischer Mittel erzeugten einen Slum, der zum Symbol des Verfalls wurde" (Winter 2004: 218).

Gold Digga/ Gold Digger

Vergleichbar mit dem Begriff hoochie mama. Frau, die für Geld bereit ist in sexueller Hinsicht vieles zu tun / Frau die es auf wohlhabende Männer abgesehen hat.

Graffiti

Mit Sprühfarben erstellte Bilder oder Schriftzüge. Ein Element der Hip Hop Kultur.

Ho(e)

„Frau, die rumschläft; Schlampe [...]" (Schmid 2001: 104)

Hooker

Ein anderes Wort für Schlampe oder Hure.

Lady

Eine elegante Frau

Mamma
Mutter. Begriff für die Frau.

Nigger/ Nigga
eine rassistisch denotierte und äußerst abwertende Bezeichnung für Menschen dunkler Hautfarbe (Wikipedia)
„[E]in beliebiger Schwarzer; der Begriff kann – unter Schwarzen! - je nach Betonung und Kontext [sic] wertfrei bzw. positiv gemeint sein; wird von der gemeinten Person abwertend gesprochen, so wird das eigens zum Ausdruck gebracht." (Schmid S.134)

Pimp Rapper
Rapper, der sich als „Frauenheld, Sunnyboy oder gleich als Zuhälter (Vgl. Friedrich 2004: S.26)" inszeniert. Als Pimp werden zudem Zuhälter bezeichnet (Vgl. Schmid 2001: 142).

Rap-Crew/ Crew
Gruppe/ Bande.

Rap/ Rapmusik
Sprechgesang

Rapper
Drückt sich musikalisch durch Sprechgesang aus.
In Hip Hop Szene verankert.

Shorty
Verniedlichungsform für die Frau/ Freundin (Vgl. urbanslang.com)

Styling
Style = „schick (angezogen) sein; gut aussehen; zeigen, was man hat/ kann" (Schmid 2001: 177).

Tipdrill/ Tip Drill
Ein bestimmter, sexueller Akt.

Safer Sex
Geschlechtsverkehr, bei dem ein Präservativ als Verhütungsmittel eingesetzt wird.

Video Girl/ Video Vixen
Meist afroamerikanische Frau, die halbnackt oder unbekleidet in Hip Hop Videos zu sehen ist. (Vgl. urbandic.)

Welfare Queen
Eine Frau, die ausschließlich von staatlich finanzierten Mitteln lebt und der Faulheit vorgeworfen wird (Vgl. urbandicto)

Literaturverzeichnis

Printmedien

Anderson, Margaret L. und Patricia Hill Collins (Hrsg.). 2004. Race, class and gender: an anthology. Belmontm Kalifornien: Wadsworth.

Barlösius, Eva. 2006. Pierre Bourdieu. Frankfurt: Campus-Verlag.

Berlin, Ira. 2003. Generations of Captivity: A History of African-American Slaves. Cambridge, London: The Belknap Press of Harvard University Press.

Butzer, Günter und Joachim Jacob (Hrsg.). 2008. Metzler Lexikon literarischer Symbole. Stuttgart, Weimar: Metzler.

Collins, Patricia Hill. 2000. Black feminist thought: Knowledge, Consciousness, and the Politics of Empowerment. 2. Ausgabe. New York: Routledge.

Collins, Patricia Hill. 2005. Black Sexual politics: African Americans, gender, and the new racism. New York, NY [u.a.] : Routledge.

Collins, Patricia Hill. 2006. From black power to hip-hop: racism, nationalism, and feminism. Philadelphia: Temple University Press.

Flores, Juan. 1996. "Puerto Rocks: New York Ricans Stake Their Claim". Perkins, William Eric (hrsg). Droppin' Science. Philadelphia: Temple University Press. 85-105.

Friedrich, Malte und Gabriele Klein. 2004. Is this real? : Die Kultur des HipHop. 2. Auflage. Frankfurt am Main: Suhrkamp.

Hamp, Vinzenz, Meinrad Stenzel und Josef Kürzinger (Hrsg.). 1990. Die heilige Schrift des Alten und Neuen Testaments. Augsburg: Pattloch Verlag.

hooks, bell. 2004. We real cool : black men and masculinity. New York: Routledge.

Hornby, A.S. und Sally Wehmeier (hrsg.). 2005. Oxford Advanced Learners Dictionary. Oxford: Cornelsen

Kellner, Douglas. 1995. Media Culture : cultural studies, identity and politics between the modern and the postmodern. London: Routledge .

Keyes, Cheryl L. 2006. "Empowering Self, Making Choices, Creating Spaces : "Black Female Identity via Rap Music Performance". Post, Jennifer C. (Hrsg.) Ethnomusicology : a contemporary reader. 97-108.

Leibnitz, Kimoko. 2007. „Die bitch als ambivalentes Weiblichkeitskonzept im HipHop". Karin Bock ; Stefan Meier und Gunter Süss (Hrsg.) HipHop meets academia - Globale Spuren eines lokalen Kulturphänomens. Bielefeld: Transcript Verlag. 157 – 170.

Lindner, Rolf. 2000. Die Stunde der Cultural Studies. Wien: Universitätsverlag.

Marchart, Oliver. 2008. Cultural Studies. Konstanz : UVK.

Morgan, Joan. 1999. When Chickenheads Come Home to Roost: A Hip-Hop Feminist Breaks It Down. New York: Touchstone.

Pough, Gwendolyn. 2004. Check it while I wreck it : black womanhood, hip hop culture, and the public sphere. Boston: Northeastern University Press.

Rose, Tricia. 1994. Black Noise: rap music and black culture in contemporary America. Hannover & London: Wesleyan University Press.

Rose, Tricia. 2004. "Never trust a big butt and a smile." Murray, Forman und Mark Anthony Neal (Hrsg.) That's the joint!: The Hip-Hop Studies Reader. New York [u.a.]: Routledge. 291-306.

Rose, Tricia. 2008. The Hip Hop wars: what we talk about when we talk about Hip
Hop - and why it matters. New York : Basic Civitas Books.

Schmid, Bernhard. 2001. Explicit HipHop: das Rap-Wörterbuch : Englisch-Deutsch.
Nürnberg: Schmid.

Steffens, Karrine. 2007. Inside Hip Hop – Bekenntnisse eines Videogirls. Aus dem Amerikan. von Thorsten Wortmann. Berlin : Schwarzkopf & Schwarzkopf.

Strube, Miriam. 2007. „Flippin da Scirpt: Supa Sistas und Rap Musik." Bock, Karin ; Stefan Meier und Gunter Süss (Hrsg.) HipHop meets academia - Globale Spuren eines lokalen Kulturphänomens. Bielefeld: Transcript Verlag. 139-156.

Winter, Rainer. 2004. „Hip Hop als kulturelle Praxis in der globalen Postmoderne: Die kultursoziologische Perspektive der Cultural Studies." Ansgar Nünning & Roy Sommer (Hrsg.) Kulturwissenschaftliche Literaturwissenschaft. Tübingen: Narr. 215-229.

Internetquellen

Arce, Rose. 2005. „Hip-hop portrayal of women protested".

<http://articles.cnn.com/2005-03-03/entertainment/hip.hop_1_hip-hop-black-women-spelman-college?_s=PM:SHOWBIZ>

„PARENTAL ADVISORY", Washington, DC 20004

<http://www.riaa.com/parentaladvisory.php> (Zugriff: 25.01.2011)

Artikel, USA today. 2004: "Black college women take aim at rappers".

<http://www.usatoday.com/life/music/news/2004-04-23-spelman-protest-rappers_x.htm > (Zugriff: 20.4.2011)

BBC-News Artikel:"Rapper Mystikal on rape charge" Friday, 19 July, 2002, 13:13

GMT 14:13 UK

<http://news.bbc.co.uk/2/hi/entertainment/2138709.stm> (Zugriff 05.04.2011)

Griffiths, Edward. 2001. „Introduction to the genre". <//www.blaxploitation.com/>

(Zugriff 14:03.2011) Internetpräsenz der Bergischen Universität Wuppertal

(Zugriff 05.04.2011)

Jamison, Laura. 1998. „A Feisty Female Rapper Breaks a Hip-Hop Taboo" . New

York Times.
<http://www.io.com/~larrybob/queenpen.html> (Zugriff: 13.04.2011)

Marchart, Oliver. 2003. „Warum Cultural Studies vieles sind, aber nicht alles: Zum
Kultur- und Medienbegriff der Cultural Studies." Medienheft.
<http://www.medienheft.ch/uploads/media/d19_Marchart Oliver.pdf>
(Zugriff: 28.03.2011)

Möller, Peter: „Philolex".
http://www.philolex.de/essenzia.htm,(Zugriff: 30.03.2011)

Offizielle Internetpräsenz des Duden
<http://www.duden.de> (Zugriff: 30.03.2011)

Offizielle Internetpräsenz des Langenscheidt Fremdwörterbuches,
<http://services.langenscheidt.de/fremdwb/fremdwb.html> (Zugriff: 13.04.2011)

Onlinewörterbuch für urbane, amerikanische Sprache.
<http://www.onlineslangdictionary.com> (Zugriff: Februar – April 2011)

Onlinewörterbuch für urbane, amerikanische Sprache.
<http://www.urbandictionary.com> (Zugriff Februar – April 2011)

Portrait der Hip Hop Gruppe 2Live Crew: „2 Live Crew Portrait"
<http://www.poplexikon.com/bands/2-live-crew> (Zugriff: 25.01.2011)

Saltn-N-Pepa, Text des Liedes „Lets talk about Aids.
<http://www.metrolyrics.com/lets-talk-about-aids-lyrics-salt-n-pepa.html>
(Zugriff 13.4.2011)

Stocker, M. 2008. „Es geht nur um Körper: Intervie mit Pam Grier“. Vancouver.
<http://www.sueddeutsche.de/kultur/im-interview-pam-grier-es-geht-nur-um-koerper-1.583975> (Zugriff 14.03.11)

Stanley. Tarshia. 2010. “Undaunted by the Fight: Six Years After Spelman Students
Took On Nelly”.
<http://insidespelman.com/?p=1710> (Zugriff 24.3.2011)

The UCLA Herb Alpert School of Music. Department of Ethnomusicology. “Cheryl
L. Keyes Bio”.
http://www.music.ucla.edu/index.php?option=com_content&view=article&id=1124%3Acheryl-l-keyes-bio&catid=7Itemid%3D226&Itemid=226> (Zugriff: 11.03.2011)

Webseite der Rapperin Akua Naru
<http://www.akuanaru.com> (Zugriff 05.04.2011)

Weiner, Jonah. 2010. Nicki Minaj: Hip-Hop's Hottest Sidekick Goes Solo. Details.
<http://www.details.com/celebrities-entertainment/music-and-books/201005/hip-hop-artist-nicki-minaj> (Zugriff 13.04.2011)

Audio-visuelle Medien

2Pac, „Wonder why they call you bitch“ , Video.

<http://www.miloop.com/film_view.aspx?movie=13245 > (Zugriff 03.03.2011)

2Pac, „Never call you bitch again" Video. <http://www.youtube.com/watch?v=_tp_xwuX55o> (Zugriff: 03.03.2011)

Davis, Kiri (Regie).2006. „A Girl Like Me". <http://video.google.com/videoplay?docid=1091431409617440489#> (Zugriff 25.3.2011)

Hurt, Byron (Regie). 2006. Hip Hop Beypnd Beats and Rhymes.
Informationen und Trailer zum Film unter: <http://www.bhurt.com/beyondBeatsAndRhymes.php> (Zugriff 20.4.2011)

Nelly feat. St. Lunatics - E.I. (The Tip Drill Remix) <http://www.myvideo.de/watch/5607973/Nelly_feat_St_Lunatics_E_I_The_Tip_Drill_Remix> (Zugriff: 23.03.2011)

Nicki Minaj Interview On Chelsea Lately! <http://www.worldstarhiphop.com/videos/video.php?v=wshhxy110i58C7e4lWZc> (Zugriff 13.04.2011)

Viva TV. 2011. Musikvideo, Marsha Ambrosius: Far Away.
<http://www.viva.tv/musik/artists/marsha-ambrosius/videos/far-away-611385/> (Zugriff 13.04.2011)

Über die Autorin

Esther Donkor wurde 1985 in Köln geboren. 2011 beendete sie ihr Studium in den Bereichen Deutsche Sprache und Literatur und English Studies (B.A.). Seither ist Donkor als Autorin, Journalistin und im Bereich Presse- und Öffentlichkeitsarbeit tätig. Außerdem ist sie Mitbegründerin und Redakteurin des Onlinemagazins KrauseLocke. Im Jahr 2011 wurde „Bitches & Queens – Frauen im U.S. HipHop" an der Universität zu Köln unter dem Titel „Repräsentationsformen von Weiblichkeit im US-amerikanischen Hip Hop" u.a. von Prof. Dr. Hanjo Berressem mit der Note 1,0 bewertet und kann wissenschaftlich zitiert werden.

FSC
www.fsc.org
MIX
Papier aus verantwortungsvollen Quellen
Paper from responsible sources
FSC® C105338